授業で使える！

論理的思考力・表現力を育てる
三角ロジック

根拠

理由

鶴田清司 著

根拠・理由・主張の3点セット

主張

図書文化

まえがき

　日本人は一般に議論を好まないと言われる。人と異なった意見を述べたりすると、自己主張が強いといった負のイメージで見られがちである。「以心伝心」や「阿吽（あ うん）の呼吸」が重視される。そのため欧米諸国と異なり、議論の文化が育っていない。アメリカ合衆国の大統領選挙では、毎回、候補者同士が熱い論戦を繰り広げる。国民はどちらが説得力のある主張や反論をしていたかを判断して投票する。欧米諸国では、小学生の頃からディベートや論理的作文の学習がさかんである。

　国際化・情報化が進んだ現在、日本人もさまざまな人たちとコミュニケーションする機会が増えている。文化的背景や価値観を異にする人たちが相手では、仲間同士のように阿吽の呼吸で理解してくれるとはかぎらない。誰が聞いても分かるように、自分の考えを論理明快に述べなくてはならない。

　こうした論理的思考力・表現力の育成は、これからの教育の課題になっている。本書の中でも紹介するように、日本の児童・生徒は、各種の学力調査で、資料を読んで自分の考えを論理的に述べるという問題に対する無答率が高いことが明らかになっているからである。

　2016年12月の中央教育審議会答申でも、育てるべき「資質・能力」の一つとして、「未知の状況にも対応できる『思考力・判断力・表現力等』」があげられている。何か問題が生じたときに、どうすればよいか自分の頭で考え、それを他者に伝え合い、話し合い、協力して問題解決の道を探っていくことが求められるのである。どんな仕事に就くにしても、これは共通の課題であろう。企業も採用に当たってコミュニケーション能力を最も重視している。

　大学の入学試験も、従来のセンター試験のように各教科の基礎的知識の習得を見るマークシート方式の問題だけでなく、新たに記述式の問題が導入さ

れるようになる。これまでのような断片的な知識を詰め込むだけの勉強では将来役に立たない。テストが終われば忘れてしまう。そうではなく、社会に出てからも広く使える汎用的スキル（コンピテンシー）として、論理的思考力・表現力は今後ますます重視されるようになるだろう。

　本書は、こうした問題意識から、論理的な思考力・表現力を育てるための方法について紹介している。特に「三角ロジック」（私は「根拠・理由・主張の３点セット」と呼ぶ）という思考・表現ツールを使って、自分の考えを具体的に分かりやすく述べることができるようになることをめざしている。児童・生徒を指導する立場の先生方のみならず、小学生、中学生、高校生、さらに大学生、社会人が読んでも役立つようになっている。

　本書の構成は次の通りである。

　PART1 では、論理的であるとはどういうことか、「三角ロジック」とは何かということについて解説した。

　PART2 では、小・中学校のさまざまな教科の授業事例をもとに、「三角ロジック」を使って考えることの有効性を明らかにした。

　PART3 では、実際の学力テスト問題をもとに、「三角ロジック」を活用した解答例を紹介した。できれば解答例を見るだけでなく、読者自身も解答にチャレンジしていただきたい。

　本書に対する忌憚のないご意見を賜れば幸いである。

鶴田　清司

授業で使える！
論理的思考力・表現力を育てる三角ロジック
根拠・理由・主張の3点セット

CONTENTS

まえがき　2

PART1 三角ロジックとは……………………………………7

1 なぜ論理的である必要があるのか　8
2 論理的とはどういうことか　9
3「三角ロジック」とは何か　14

PART2 三角ロジックを用いた授業…………………………21

1 国語の授業に取り入れる　22

事例1：小4　ゆみ子はお父さんの願いどおりに成長しているか──「一つの花」

事例2：小4　女の子の正体は──「白いぼうし」

事例3：小5　敬体と常体とどちらがよいか──「大造じいさんとガン」

事例4：小2　主人公は誰か──「お手紙」

事例5：小3　豆太が最も必死になっている場面はどこか──「モチモチの木」

事例6：小4　最後の一文はあった方がよいか──「ごんぎつね」

事例7：中2　与一は扇を射切る自信があったのか──「扇の的」

事例8：中3　時の設定は真夏がよいか、真冬がよいか──「故郷」

事例9：小学　グラフと表から商品名を当てよう──「コンビニ店長からの挑戦」

2 いろいろな教科で取り入れる 39

事例10：小3　棒グラフを読み取り、書き手の意図を考えよう〈算数〉

事例11：小4　消防士はなぜすばやく出動できるのか〈社会〉

事例12：中学　止まっている車に走ってきた車が衝突したら、どちらの衝撃が大きいか〈理科〉

事例13：中学　水圧の大小を決める条件は何か〈理科〉

事例14：中3　撥弦楽器のちがいを聴き取ろう〈音楽〉

事例15：小3　蹴ったボールを高く上げるには〈体育〉

事例16：小5　自分だったらどうするか〈道徳〉

3 学校ぐるみで取り入れる 49

熊本大学教育学部附属小学校・「論理科」の取り組み

熊本大学教育学部附属中学校・三角ロジックを取り入れた授業開発

PART3 三角ロジックで論述問題に強くなる……………57

1 論述問題は難しくない 58

2 立場を決めて書く 60

例題1　落書きについての手紙：PISA2000・読解力調査問題より

例題2　インフルエンザ予防接種のお知らせ：PISA2000・読解力調査問題より

例題3　落ち葉は集めて燃やした方がよいか：「読解力向上に関する指導資料」より

例題4　気になる日本語：全国学力・学習状況調査・中学校国語B問題より

例題5　球技大会のポスター：富山県高校入試問題・国語より

例題6　選挙啓発のポスター：福岡県高校入試問題・国語より

3 資料を読み取って書く 76

例題7　平均値と最頻値の違いを説明する：全国学力・学習状況調査・中学校数学B問題より

例題8　自動車の速度と停止距離の関係を説明する：広島県高校入試問題・数学より

例題9　4月はなぜ短い周期で天気が変わるのか：山梨県高校入試問題・理科より

例題 10　工場分布の理由を考える：茨城県高校入試問題・社会より

例題 11　森林面積や農地面積の変化と人口増加率との関係を説明する：東京都高校入試問題・社会より

例題 12　自然エネルギーによる発電が求められるのはなぜか：三重県高校入試問題・社会より

例題 13　若い世代の意見が政治に反映されにくいのはなぜか：熊本県高校入試問題・社会より

例題 14　景観保護について考える：大学入学共通テスト・モデル問題例より

4 三角ロジックで論述トレーニング　91

練習 1　立場を決めて書く

練習 2　資料を読み取って書く

練習 3　おすすめの場所を英語で紹介する

解答例と解説

参考・引用文献一覧　100

あとがき　101

PART1

三角ロジックとは

1 なぜ論理的である必要があるのか

2 論理的とはどういうことか

3 「三角ロジック」とは何か

1 なぜ論理的である必要があるのか
——「思い」と「考え」の区別——

　自分の「考え」をきちんと相手に分かってもらうときに必要になってくるのが、論理的な思考力・表現力である。「論理」とは、考えを組み立てる筋道のことであり、「論理的」とは、その筋道の説得力が高いことである。

　ちなみに自分の「思い」であれば、論理はほとんど必要ない。それは一人ひとりの心の中の問題であり、相手に正しく伝達したり納得させたりする必要はないからである。「ぼくは甘いものが好きだ」という「思い」を相手に伝えるとき、特別な理由を言う必要はないし、そもそも「好きなものは好きだから」ということ以外ないのである。

　「ぼくは君が好きだ」と告白する場合も、「なぜかというと、第一に……」といちいち好きな理由をあげていったら、まちがいなく相手の人は引いてしまうだろう。

　ところが、自分の「考え」となると、どうだろうか。

　たとえば、次のような例があげられるだろう。

・親にお小遣いを増やすように頼むとき。

・文化祭で自分のクラスの演し物を何にするかを提案するとき。

・高校受験でどの学校を志望するかを親に伝えるとき。

　これらはいずれも個人的な「思い」のレベルを超えたものである。人に何かを依頼したり提案したり説得したりするときには、なぜそう考えるのかという詳しい説明がなければ相手にされないのである。

　そこで本書では、そもそも自分の考えはどのようにしたらもつことができるのか、そして、どのようにしたらそれが相手にきちんと伝わるのかということを探ってみることにしよう。

PART 1 三角ロジックとは

2 論理的とはどういうことか

論理的とは「具体的」ということ

「論理的」という言葉を聞くと、とかく「理屈っぽい」「堅苦しい」「小難しい」といったマイナスのイメージをもつ人が少なくない。

しかし、本当はその逆で、論理的とは具体的で分かりやすいということである。そのことを詳しく述べてみよう。

次の作文は、小学校4年生の子どもが書いたものである。

> 牧場のアイスクリームがありました。食べてみたら、牛乳がたっぷり入っていて、あまりおいしくなかった。でも、少しおいしかった。

一見、よく分からない作文である。論理的な作文とはとても言えない。その原因はどこにあるのだろうか?

まず、「牛乳がたっぷり入っている」と「あまりおいしくない」の関係が不明確だということである。「牛乳がたっぷり入っているから、おいしくない」(順接)のか、「牛乳がたっぷり入っているけど、おいしくない」(逆接)のかといったことが不明確なのである。そのことを読み手にもよく分かるように詳しく説明しなくてはならない。おそらくこの場合は順接の関係で、いつもは牛乳が苦手なのだろう。だから、アイスクリームに牛乳がたっぷり入っているとあまりおいしくないのである。

次に、「あまりおいしくなかった」と「少しおいしかった」の関係が不明確だということである。この矛盾をどう説明したらよいだろうか?

たとえば、この日はとても暑い日だったから、牛乳がたっぷり入っていた

9

けれど冷たいアイスが「少しおいしかった」のかもしれない。牧場の景色が
とてもきれいだったので、「少しおいしかった」のかもしれない。家族のみ
んなと一緒に食べたので、「少しおいしかった」のかもしれない。バニラ風
味がしたので、「少しおいしかった」のかもしれない。

　このように考えると、この子どもが作文に書こうとしたことがよく理解で
きるようになる。つまり、もとの作文は、「なぜ、あまりおいしくないのか」「な
ぜ、少しおいしかったのか」の理由が具体的に書かれていなかったのである。
もっと言えば、自分の経験したことと結びつけて表現されていないのである。

　論理的であるということは具体的であるということが、この事例から理解
していただけるだろう（詳しくは、宇佐見寛『論理的思考をどう育てるか』
2003 年、明治図書を参照）。

自分の経験と結びつけて考える

　論理的であるということは理屈っぽいということではない。そうではなく、
論理的であるということは具体的であるということである。そして、先に述
べたように、具体的に考えるためには、自分のもっている知識や経験と結び
つけることが必要になる。

　実際の授業の事例をもとに考えていくことにしよう。「大造じいさんとガ
ン」（椋鳩十）の授業で、「なぜ大造じいさんは銃を下ろしてしまったのか」
という学習課題をめぐって、伸一君から次のような発言があった。

　このおとりのガンは今は残雪の敵なんです。残雪にとって、こいつは敵なん
ですよ。だって、大造じいさんに捕まって、今では残雪をおびきよせるために
使われているからです。
　残雪は、もしこれが敵でもスパイでもない味方だったとしたら絶対に助ける
と思うんですよ。**みんなでも助けるよね。**たとえば親友がギャングにおそわれ
そうになったら、恐くて逃げる人もいるかもしれないけど、**正義心のある人は
絶対助けようとすると思うんですよ。**たとえば、ぼくとひろしくんが友達とい

うことで……、ひろしくんとようすけくんはライバル関係にある敵同士でいつもケンカばかりしているとしよう。そして、たろうくんとこうすけくんがギャングだとしよう。そしたら、もし僕がやられそうだったら、ひろしくんは友達だから助けに来てくれるでしょ。でも、もし、ようすけくんだったら敵だから、ふつうは助けませんよね。もし普通の人なら、もし恐がりだったら、ようすけくんは敵だから、いいよ、いいよ。勝手にやられとけばって、そういう気持ちになると思うんですよ。

　でも、残雪は、今は敵であったとしても、もともとは同じガンの仲間として、助けようという気持ちがあったから、ハヤブサとたたかったんですよ。

　だから、普通の人間よりも上なわけですね。でも、大造じいさんは、そんな残雪をひきょうにも撃とうとしているから、残雪よりも下ですよね。だから、残雪よりも大造じいさんは下ってことは、ひきょうな大造じいさんは鳥以下ってことでしょ。だから、そのときに、大造じいさんは、残雪を撃とうとしている自分がばかだってことや、なんて情けないんだろうとかそういう気持ちがあったから、気持ちが変わって、銃を下ろしてしまったんですよ。

　伸一君は、大造じいさんがなぜ残雪を撃たなかったのかを具体的に説明している。「根拠」となる表現をあげながら、自分のもっている知識や生活経験に基づく類推による理由づけ（太字部分）を行っている。つまり、残雪とハヤブサの戦いを自分たち（子ども）とギャングの関係に基づいて推論しているのである。当然、具体的に述べることができるようになっている。こうして、自分の「友達」ならさておき、自分の「敵」である人間を救おうとするだろうかという問題提起をすることによって、「普通の人間よりも上」と、残雪が普通の人間以上の存在であると訴えているのである。

　この発言は、巨大な敵に挑んでいく残雪の勇気、そしてそれを見た大造じいさんの感動や衝撃の大きさも具体的にイメージさせることになっている。聞いていた子どもたちも、残雪の尋常ならざる行為を実感的に理解できたのではないだろうか。

　伸一君が言うように、残雪の行為は子どもが素手でギャングに立ち向かっ

ていくようなものである。鋭いくちばしやつめをもち、飛行能力も高いハヤブサは、ガンが太刀打ちできるような相手ではない。しかも、今は自分の敵となっているおとりのガンを救出するためである。そんな残雪を卑怯にも狙っている大造じいさんは「鳥以下」ということになるのである。

　このように、子どもたちが具体的に考え、具体的に語るとき、その主張は論理的になっていくのである。そのためには、この事例のように、自分の既有知識や生活経験に基づく「類推」という思考法が重要な役割を果たしていることが多い。それは、似ているところに基づいて他のことも同じだろうと考えることである。

　中学生の事例も紹介しよう。

　中学３年の国語教科書に、「故郷」（魯迅）という教材が載っている。ある授業で、主人公の「私」が幼なじみのルントウと再会した場面で、ルントウが発した“「旦那様！……。」の「……」は必要か？”という学習課題が設定された。多くの生徒が、「唇は動いたが声にはならなかった」「悲しむべき厚い壁」などの表現を根拠にして、「……」は必要であると主張していた。

> **和樹**　本当は「……」は「シュンちゃん」と言いたかったんだと思います。だけど、私は知事になっていて、ルントウは身分も低いので、身分の上の人に向かって「シュンちゃん」と言うのはいけないかなと思って、「旦那様」と言ったんだと思います。それで、その「……」は本当はシュンちゃんと言いたかったのになあということを表していると思います。

　とりわけ何人かの生徒は、自分の生活経験からの類推によって、上下関係や身分差という問題を身近な問題としてとらえ直して、「……」に込められた意味を解釈していた。

> **たかし**　私とルントウの上下関係ということについて、ぼくの経験を交えながら話すと、ぼくが小学校５年生のとき、６年生の先輩と仲良く話してたんですよ。でも中学生になったとき、やっぱり周りの先生とか大人から、先輩には

しっかりとした態度で話しかけろと言われるじゃないですか。それで中学生になって、2年生の先輩に突然、今までため口で話してたのを「○○先輩」って言ったら、先輩も驚いた様子で、「あれっ」て言ってたので、大げさな話、それに少し近いのかなと思いました。

　　ゆか　私はちょっと体験ていうか、例で言いたいんですけど。私、ひろむくんと保育園一緒なんですよね（笑い）。で、中学3年生、このクラスになって、久々に見たとき、めっちゃ、ちょっと大人っぽくなったなって思ったんですよ。で、保育園のとき、めっちゃ可愛くて、「あ、ひろくーん」とか言ってたのに、なんかちょっと絡みづらいなーって思うようになって（笑い）、多分それはルントウと私も一緒で、まえ仲良かったのに、好きなんですよね。好きなんだけど、どうしても変わっているっていう部分で引っ掛かって、まあそこで、まえ故郷が、私は「故郷はもっとずっと良かった、前はこんなふうではなかった」って言ってたじゃないですか。で、会ったときも、やっぱ故郷とおんなじで、「あれ、ちょっと違うなー」って感じてるんで、そこでやっぱ悲しいとか寂しいなとか思ったから、仲良くなれるかなーとかいう不安もたくさんあって、身分というところに着目しました。

　この作品は今の中学生にとってそれほど親しみやすいものではない。昔の中国の話ということで終わるのではなく、自分たちの問題として考える必要がある。そのためにも、自分の生活経験をもとにして、そこから人物の心情を類推していくことは大きな意義がある。

　以上の事例から、論理的であるということは具体的であるということがよく分かる。そして、具体的に考えるためには、自分のもっている知識や経験と結びつけることがとても重要になる。

3

「三角ロジック」とは何か

トゥルミンの論証モデル

　論理的思考・表現のツールとして「三角ロジック」というものがある。これは、イギリスの分析哲学者トゥルミン（S.Toulmin）の論証モデルに由来するもので、以前からディベートの指導でよく使われてきた。私はそれを「根拠・理由・主張の３点セット」と呼んでいる。それはどんなものだろうか。

　トゥルミンは、説得力ある議論をするために、次の６つの基本要素が必要だと述べている。

・**主張**（Claim）……………結論
・**事実**（Data）……………ある主張の根拠となる事実・データ
・**理由づけ**（Warrant）……なぜその根拠によって、ある主張ができるかという
　　　　　　　　　　　　　　　説明
・**裏づけ**（Backing）………理由づけが正当であることの証明
・**限定**（Qualifiers）………理由づけの確かさの程度
・**反証**（Rebuttal）…………「～でない限りは」という条件

　このトゥルミン・モデルを使って、ピーマンがきらいな人に対して、「ピーマンを食べよう」という主張をしてみると、どうなるだろうか。

　たとえば、次図のようになる。単に「ピーマンを食べよう」と主張するよりも、はるかに説得力に富んだものになっていることが分かるだろう。

　事実（D）は、主張（C）を支える根拠となるもので、ここでは「ピーマンにはビタミンCが多く含まれている」という事実をあげている。

14

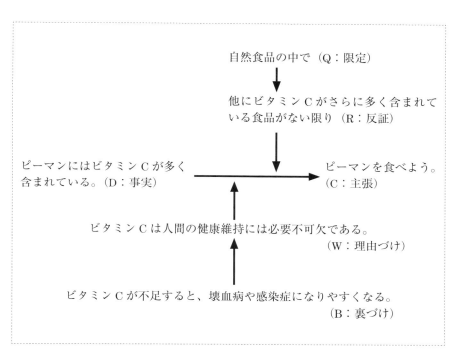

実際、次表のようなデータがある。

食品 100g 当たりのビタミン C の含有量（単位：mg）

赤ピーマン	170
芽きゃべつ	160
ゆず（果皮）	160
黄ピーマン	150
キウイ（黄肉腫）	140
ブロッコリ	120
パセリ	120
すだち（果皮）	110
レモン（全果）	100
かぶ	82

出典：文部科学省「日本食品標準成分表 2015 年版（七訂）」をもとに作成

理由づけ（W）は、「ピーマンにはビタミンCが多く含まれている」という事実から、なぜ「ピーマンを食べよう」という主張ができるのかを説明するものである。この場合は、「ビタミンCは人間の健康維持には必要不可欠である」という理由づけがなされている。他にも「お肌の美容に必要である」といった理由づけも可能である。

　裏づけ（B）は、医学的な知見をもち出して、理由づけを正当で合理的なものにしている。ちなみに「壊血病」とは毛細血管がもろくなり、皮下や歯ぐきなどから出血する病気である。

　限定（Q）は、自然食品に限定することによって、「サプリメントでもビタミンCは十分に摂取できる」という考え方をあらかじめ除外しておく役割をもっている。

　反証（R）は、他にビタミンCがさらに多く含まれている食品がない限りという条件をつけることによって、「レモンやキウイを食べればいい」という考え方をあらかじめ除外しておく役割をもっている。

　こう見てくると、「トゥルミン・モデル」を使うと、主張が説得力を増してくることが分かるだろう。

三角ロジック（根拠・理由・主張の3点セット）

　これを単純化したものが「三角ロジック」である。小・中学校の段階ではこれで十分だという意見もある。

ここでもポイントになるのは、「根拠」となる客観的な事実・データがあるかどうか、そして、それに基づく「理由」（事実・データの解釈・推論）があるかどうかである。しかも、その理由が妥当なものであるかどうかである。

　私がそれを「根拠・理由・主張の３点セット」と呼ぶのは、英語と違って、日本語では同義的に使われている「根拠（evidence）」と「理由づけ（reasoning）」、トゥルミン・モデルの「事実（data）」と「理由づけ（warrant）」を区別することが重要だと考えるからである。

　実際、現在の国語教科書を見ても、「根拠」と「理由」は同じような意味で使われている。しかし、英語ではその違いは明らかである。

　「根拠」とは、誰が見ても明らかな証拠資料（客観的な事実・データ）のことである。書かれたテキストにおける文・言葉、グラフや図表に示された数字、絵や写真に表されたものなどである。ここでは「誰が見ても明らかな証拠資料」という点がポイントである。自分が経験した事実は、いくら事実であったとしても「根拠」とはならない。なぜなら、それは自分しか知らないことで、第三者が確かめようがないからである。

　次に、その根拠がなぜ主張を支えることになるのか、どうしてその証拠資料からその主張ができるのかを説明するのが「理由」である。言い換えると、主張と根拠をリンクさせるのが「理由」の役目である。根拠となる事実やデータをあげるだけでは、論証にならない。

　ディベートの大会では、証拠資料をたくさんあげるだけで自分の主張が通ったかのような立論をするチームがときどき見られる。たとえば、「○○総研の○○氏は次のように述べています。（引用開始）『サマータイム制導入による経済効果は年間○兆円……』（引用終了）したがって、肯定派の主張する『日本経済の発展』というメリットが発生します」といった立論である。これは文献を部分的に引用しただけで、自分の言葉や論理による「理由づけ」が欠落している。

　たしかに「データそのものが語る」というケースもあるが、複雑な議論に

PART 1　三角ロジックとは

17

なってくると、それだけでは専門的な知識をもたない審判や聴衆は肯定側の主張が本当に妥当かどうか判断することができない。依拠する証拠資料を詳しく吟味し、なぜそのデータを選んだのか、その確かさはどうなのかを自分の言葉で説明することが必要である。そうすることによって説得力が増してくる。

　たとえば、サマータイム制でいえば、「サラリーマンは夕方仕事が早く終わることになるから、その時間をレジャーに利用して、消費の拡大につながる」「小・中学生は学校が早く終わると塾に行く人が増えて、教育産業が拡大する」といった理由づけが考えられる。

　論理的思考力・表現力の育成にとって、「理由づけ」は最も重要であるが、最も困難な課題でもある。実際、先のディベートの例にかぎらず、「根拠」はあげることができても「理由づけ」がうまくできない子どもたちが多い。

　AO入試で面接が行われる大学がある。そこでは必ず入学を希望する理由をたずねられる。

　「どうしてあなたは本学に入学したいのですか？」

　ある受験生がこう答えたとする。

　「貴学は全国各地から小学校の教員をめざす生徒が多く集まってくるからです」

　これでは、なぜこの大学を受験するのかという理由が分からない。たしかに、「全国各地から教員をめざす生徒が多く集まってくる」というのは客観的な事実であるとしても、これだけでは本学を受験する理由にならない。全国各地から生徒が集まることがなぜよいのか、自分にとってどんなメリットがあるのかを説明しなくてはいけないのである。

　たとえば、こうである。

　「全国各地のさまざまな生徒と一緒に学ぶことによって、多様な文化や経験を交流することができます。そうすると、教師をめざす私自身の視野が広がったり、見方・考え方が豊かになったりすることになり、将来よい教師になることができると考えたからです」

根拠となる事実を解釈して受験理由を明確に述べている。面接担当者としては、これがいちばん聞きたいことであろう。

　ところで、先に第2節で、論理的とは具体的であるということ、そして、そのためには自分のもっている知識や経験と結びつけて考えること（類推すること）が大切だと述べた。この面接のケースも答えをもっと具体的なものにして説得力をさらに高めるにはどうしたらよいだろうか。

　ここでも、似たような経験をもち出して説明するのが有効である。たとえば、こうである。

　「全国各地のさまざまな生徒と一緒に学ぶことによって、多様な文化や経験を交流することができます。そうすると、教師をめざす私自身の視野が広がったり、見方・考え方が豊かになったりすることになり、将来よい教師になることができると考えたからです。実際、私の経験でも、中学校から高校に入学してから、地元以外のさまざまな地域から入学してきた生徒たちと授業やクラブ活動、行事などで学校生活を共にすることによって、私のものの見方や考え方が変わり、成長することができました。それと同じようなことが経験できると思います」

　企業の採用面接でも、同じである。もし、「あなたはどうして弊社で働くことを希望するのですか？」という質問に対して、「学生に人気のある会社だからです」「業績が好調だからです」「給与条件がよいからです」と答えたとしたら、間違いなく不採用になるだろう。そうした事実（根拠）が自分が入社したいという主張にどうつながるのかを具体的に述べなくてはならないのである。

　入学試験や採用試験にかぎらず、社会を生きていくうえで、こうした論理的な思考力・表現力は今後ますます必要とされるようになるだろう。「三角ロジック」（根拠・理由・主張の3点セット）は、どの職業でも共通に求められる汎用的スキルと言える。

　学校教育は、こうした「生きてはたらく学力」を育てることを目的としている。特に国語科は重要な役割を担っている。

国語の授業は、言葉による思考力・表現力（全教科の基礎）を育てるのが使命である。他の教科に先んじて、こうした能力の育成に取り組んでいく必要がある。

PART2

三角ロジックを用いた授業

1　国語の授業に取り入れる

2　いろいろな教科で取り入れる

3　学校ぐるみで取り入れる

国語の授業に取り入れる

1

　本節では、「三角ロジック」を国語の授業に導入した事例を紹介していくことにしたい。それに先だって、国語の授業に「三角ロジック」を取り入れる際のポイントやその効果などについて述べておきたい。

学習課題の作り方

　まず、学習課題は全員が同じ答えにならないような問題を設定する必要がある。もっと言えば、十人十色、全員が違った考えになるようなものが望ましい。先生がたった一つの正解を教えるというのではなく、子どもたち一人ひとりが、「この根拠となる表現から自分なりにこういう理由づけをしてこう考えた」ということを発表し合い、自分と異なる意見に出会い、お互いに学び合っていくという授業が理想である。

　本節で取り上げている事例は文学教材が多い。文学教材では、基本的に解釈が多様であるような学習課題が多い。だから必然的に「三角ロジック」を使って自分の考えを説明するケースが多くなる。たとえば、登場人物はなぜこんなことをしたのか、自分の気に入った表現はどれか、クライマックスはどこか、自分はどこに一番感動したかといった課題である。

　説明文・論説文教材でも原理は同じである。もちろん文章の意味を正しく一義的に理解しなくてはならないところは多いが、筆者の書き方の工夫を評価したり批評したりするような学習課題は、各自のさまざまな考えを論理的に述べることが必要になる。筆者の意見や主張に賛成か反対かというように、自分の立場を明確に述べるような学習課題も適している。

　いずれにしても、意見交流が活発になるような学習課題づくりが大切である。

三角ロジックの導入の仕方

　小学生にいきなり「根拠・理由・主張」を型として教え込んでも、使えるようにはならない。特に導入段階では、授業のなかの児童の発言からすぐれたもの（文章中の根拠をあげた発言、理由を具体的に述べた発言）を高く評価するようにしたい。こうして、本人はもとより他の子どもたちもすぐれた発言とはこういうものだということを学びとっていく。

　また、「根拠」や「理由」がはっきりしない発言に対しては、「どこから分かるの？」「なぜそう言えるの？」というように教師が問いかけて「根拠」や「理由」を補うようにしたい。こうした地道な指導によって、子どもたちは「根拠」や「理由」の必要性を理解していくのである。

三角ロジックを取り入れることの効果

　詳しくは、以下の実践事例を見ていただくと分かるはずであるが、とりあえず結論的に次の三つのことを指摘しておきたい。

① 「根拠」と「理由」を区別することによって、主張が具体的で分かりやすくなり、説得力が高まる。

② 特に、理由づけにおいて自分の既有知識や生活経験をもとに類推することによって、テキスト（学習内容）が〈わがこと〉として実感的に理解できる。こうした学びは学力差に関係なく、どの子にもひらかれている。むしろ日頃学習に困難を抱えているような子の方がユニークでおもしろい理由を述べることが少なくない。

③ 自分の意見を発表し、それぞれの「根拠」や「理由」を検討し合うことによって、授業が対話的かつ協同的になる。自分と異なる意見に出会うことで、「自分の考えの狭さや誤りに気づく」「他者の考え方のおもしろさやすばらしさに気づく」といったメタ認知や学び合いが起こる。これが、真のアクティブ・ラーニング、主体的・対話的で深い学びにつながる。

事例	「一つの花」（小学校 4 年）
1	ゆみ子はお父さんの願いどおりに成長しているか

　「一つの花」（今西祐行）の授業での学習課題である。この作品は、お父さんが幼いゆみ子の将来を案じながら出征して、二度と帰ってこなかったという物語である。出征の日に駅のホームで一輪のコスモスを手渡して、「一つだけのお花、だいじにするんだよう」と言い残していくお父さんの思いと、十年後の成長したゆみ子の様子を想像することが授業のねらいである。

　子どもたちは、先の課題に対して、さまざまな根拠と理由に基づいて、「YES」（お父さんの願いどおりに成長している）と主張していた。

● 「スキップをしながら」というところから（根拠）
　ゆみ子が元気に育っていることが分かるので（理由）
　お父さんの願いどおり成長している。（主張）

● 「ゆみ子の高い声が、コスモスの中から聞こえてきました」というところから（根拠）
　ゆみ子が明るい元気な子に育っていることが分かるので（理由）
　お父さんの願いどおり成長している。（主張）

● 「お昼を作る日です」というところから（根拠）
　ゆみ子が大きくなってお母さんの手伝いをしている、心の優しい子に育っていることが分かるので（理由）
　お父さんの願いどおり成長している。（主張）

　また、同じ根拠をもとに異なる理由づけをした発言も見られた。

● 「母さん、お肉とお魚と、どっちがいいの」というところから（根拠）
　ゆみ子は小さいときは「一つだけちょうだい」としか言わなかったが、そ

のときより成長していることが分かるので（理由）

お父さんの願いどおり成長している。（主張）

● 「母さん、お肉とお魚と、どっちがいいの」というところから（根拠）

どちらかを選べるということは戦争中よりも恵まれた生活をしていることが分かるので（理由）

お父さんの願いどおり成長している。（主張）

このように、根拠（どこから）と理由（なぜ）を区別することによって、考えの筋道がよく分かるようになる。自分と他者との異同も明確になり、考えがさらに深まっていくのである。

事例 2	「白いぼうし」（小学校4年） 女の子の正体は

「白いぼうし」（あまんきみこ）の授業での学習課題である。この作品はタクシーの運転手である松井さんが体験した不思議な出来事が描かれたファンタジーである。授業では、「タクシーの座席にすわっていた女の子の正体は何か」をめぐって討論が行われていた。

子どもたちからは「ちょう」「おばけ」「シャボン玉」といった意見が出された。それぞれを検討していく中で、「おばけ」や「シャボン玉」には根拠がないことが確認され、「ちょう」という意見が優勢になっていった。

● 男の子がやってきたとき、女の子は「早く行ってちょうだい」と松井さんに「せかせかと」言っている。（根拠）

こんなにあわてているのは、また男の子につかまりたくないからである。（理由）

だから、女の子の正体は「ちょう」である。（主張）

●タクシーに乗ったとき、行き先を「菜の花横町」と言っている。（根拠）
菜の花畑にたくさん集まっている仲間のちょうの所に帰りたかったからである。（理由）
だから、女の子の正体は「ちょう」である。（主張）

●女の子は「つかれたような声」を出している。（根拠）
疲れたのは、ぼうしの中で逃げようとして飛び回ったからである。（理由）
だから、女の子の正体は「ちょう」である。（主張）

　どれも本文中の言葉を根拠として取り出しつつ、その意味を自分なりに解釈して、「女の子＝ちょう」という合理的な理由を述べている。三角ロジックが身についているクラスでは、こうした論理的な思考・表現による話し合いができる。

もし、「根拠」がないと……
　三角ロジックには、根拠と理由が両方とも必要である。もし仮に根拠がないとすると、次のようになる。

●女の子はまたつかまりたくないからあわてている。（理由）
だから、女の子の正体は「ちょう」である。（主張）

●女の子は菜の花畑にたくさん集まっている仲間のちょうの所に帰りたかった。（理由）
だから、女の子の正体は「ちょう」である。（主張）

●女の子はぼうしの中で逃げようとしたので疲れている。（理由）
だから、女の子の正体は「ちょう」である。（主張）

これでは、女の子が「あわてている」のがどこから分かるのか、「仲間の
ちょうのところに帰りたい」と思っているのがどこから分かるのか、「疲れ
ている」のがどこから分かるのかがはっきりしない。

もし、「理由」がないと……

　また、もし理由がないとすると、こうなる。

●男の子がやってきたとき、女の子は「早く行ってちょうだい」と松井さん
　に「せかせかと」言っている。（根拠）
　だから、女の子の正体は「ちょう」である。（主張）

●タクシーに乗ったとき、行き先を「菜の花横町」と言っている。（根拠）
　だから、女の子の正体は「ちょう」である。（主張）

●女の子は「つかれたような声」を出している。（根拠）
　だから、女の子の正体は「ちょう」である。（主張）

　これでは、なぜ女の子の正体が「ちょう」なのか、やはり分からないので
ある。

事例 3	「大造じいさんとガン」（小学校 5 年）
	敬体と常体とどちらがよいか

　「大造じいさんとガン」（椋鳩十）には、大きく 2 種類の本文がある。A 社（敬
体・前書きあり）と B 社（常体・前書きなし）の教科書本文を比較するこ
とによって、構成・表現・挿し絵などの違いに気づき、どちらの方がよいか
について自分の考えを発表し合うという授業があった。つまり、「比べ読み」
による批評の学習である。その際、「何となくこちらの方がいい」といった

PART 2　三角ロジックを用いた授業

27

印象批評ではなく、客観的な根拠や合理的な理由を明示して、自分の考えを論理的に述べることが必要になる。実際の子どもの批評文を紹介する。

- Aはけい語だけど、Bは言い切り（常体：引用者注）になっているので、少し読みにくいと思います。<u>僕は国語の時間に音読する時にはいつもけい語なので、けい語に慣れているからです。</u>だから、Aの方がよいと思います。

- Aの方はていねい語でまったりしていて、Bの方は場面場面がパッパッとしていて、<u>読んでいる人はこの先はどうなっているんだろうと思いながら読む</u>からBの方がよいと思います。

- Aのさし絵の25ページのじいさんの絵はとても若く見えるけど、Bのさし絵の89ページのはこしが曲がっていて、じいさんぽいです。<u>物語の中ではじいさんと呼ばれているので、さし絵はじいさんの絵の方がよいと思います。</u>だから、私はBの方がよいと思います。

 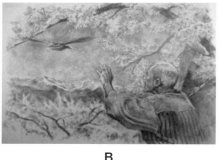

　　　　A　　　　　　　　　　　　B

（出典：Aは光村図書『国語五下』平成17年度版（初出は『大造じいさんとガン』小峰書店刊　ⒸDaihachi Ohta, 1990　協力：メディアリンクス・ジャパン）、Bは教育出版『小学国語五上』平成17年度版・山本輝也：絵より）

いずれも単なる根拠（情報の取り出し）だけでなく、下線部のように、自分の生活経験や既有知識に基づく理由（取り出した情報の解釈）を述べることで説得力を高めている。

事例	「お手紙」（小学校 2 年）
4	主人公は誰か

「お手紙」（アーノルド・ローベル）の主人公は誰かという学習課題がある。子どもたちからは、次のような意見が出てくる。

[がまくん]

● このお話は、「がまくんは、げんかんのまえにすわっていました」で始まり、「お手紙をもらって、がまくんは、とてもよろこびました」で終わっている（根拠）。がまくんで始まり、がまくんで終わっているから、物語の中心ががまくんであることが分かる（理由）。だから、主人公はがまくんである。

● がまくんは「かなしい」気持ちから「しあわせな」気持ちになっている（根拠）。このように、ある出来事を通してそれまでとちがって心が大きく変化したことで読者が感動するから（理由）、主人公はがまくんである。

● 全体的にがまくんの気持ちを表す表現が多い（根拠）。読者はがまくんによりそいながら、がまくんの気持ちを想像しながら読むことになるから（理由）、主人公はがまくんである。

● 物語の中で、がまくんという言葉は 21 回、かえるくんという言葉は 19 回で、がまくんの方が多く出てくる（根拠）。たくさん登場する人物が主人公だと思うから（理由）、主人公はがまくんである。

[かえるくん]

● かえるくんはがまくんのために自分でお手紙を書くという行動を起こしている（根拠）。それによって事件（がまくんの悲しみ）が解決しているので（理由）、主人公はかえるくんである。

● かえるくんは、がまくんの気持ちを「ふしあわせな気もち」から「しあわせな気もち」へと変えている（根拠）。このように困っている人や悩んでいる人を助ける人が物語のヒーローとなるから（理由）、主人公はかえる

くんである。

● かえるくんは、物語のすべての場面に登場する（根拠）。かえるくんの行動が一貫して描かれているので（理由）、かえるくんが主人公である。

● さし絵の数ががまくんよりも多い（根拠）。マンガでもアニメでも主人公が一番多く描かれている（理由）。だから、かえるくんが主人公である。

[がまくんとかえるくん]

● かえるくんの手紙に「しんあいなるがまがえるくん」「きみのしんゆう」と書かれていて、がまくんは「とても、いい手紙だ」と言っている（根拠）。ここから、がまくんとかえるくんの友情がテーマになっていることが分かる（理由）。だから、がまくんとかえるくんが主人公である。

● 物語の前半に「ふたりともかなしい気分で、げんかんの前にこしを下ろしていました」と書いてあり、後半に「ふたりともとてもしあわせな気もちで、そこにすわっていました」と書いてある（根拠）。このことから、この物語はふたりの気持ちがともに変化していることが分かる（理由）。だから、どちらが主人公というのではなく、ふたりが主人公である。

● このお話は『ふたりはともだち』という絵本に載っていて、他の作品にもがまくんとかえるくんが出てくる（根拠）。作者は絵本の中でふたりを中心に描いているので（理由）、「お手紙」でもふたりが主人公である。

[かたつむりくん]

● かたつむりくんは、「四日」も歩き続けて手紙を届けてくれた（根拠）。このお話の中でいちばん頑張っているから（理由）、かたつむりくんが主人公である。

● かたつむりくんは「すぐやるぜ」と言いながら、すぐに配達していない（根拠）。もし、うさぎに頼んでいたら、すぐ配達してしまって、自分が出したことを告白してしまうという物語の面白さがなくなってしまう（理由）。だから、物語を面白くしてくれたかたつむりくんが主人公である。

● このお話では、かたつむりくんが手紙を届けている（根拠）。そもそも手

紙は配達する人がいないと届かないが、このお話ではかたつむりくんがその大切な役を務めている（理由）。だから、かたつむくりくんが主人公である。

[お手紙]
● 「手紙をもらって、がまくんは、とても喜びました」と書いてある（根拠）。ここからふたりの友情がさらに深まることになったから（理由）、そのきっかけとなった「お手紙」が主人公である。

　ここには、さまざまな考え方に基づいて、主人公の定義が示されている。①最初と最後に登場する人物、②心が大きく変化した人物、③読者が同化できる人物、④登場回数が最も多い人物、⑤積極的に行動した人物、⑥事件を解決した人物、⑦すべての場面に登場する人物、⑧主題を体現した人物、⑨題名になっている人物、などである。それぞれに根拠や理由が明確であり、どれか一つを正解とは決められない。

　このように、さまざまな考えを交流することによって、「○○さんの考えはすばらしい、納得できる」という学び合いが起こる。そうなるのは、根拠と理由を明確にして自分の意見を言うことができたからである。

事例 5	「モチモチの木」（小学校3年） 豆太が最も必死になっている場面はどこか

　「じさま」と二人で暮らしている臆病な豆太が、「じさま」が急病になったとき、冬の夜に遠くの村まで一人で医者様を呼びに行けたという話である。

　実際の授業で、子どもたちは「三角ロジック」を使って、次のように発言している。

● 豆太は夜に表戸をふっとばして走っていったので（根拠）、普通の豆太なら、

せいぜいできることは夜に表を何歩か歩くぐらいしかできないけど、なのに表戸をぶっ壊して走っているから（理由）、それほど必死さが感じられる（主張）。

● 普通なら、あわてていなければ、のんびりと普通に着替えてちゃんと靴もはいてゆっくり走るけど、あわてているから（理由）、着替えるのとか靴をはくのとかを忘れて（根拠）、必死になってじさまを助けようとしているんだと思います（主張）。

● 「霜が足にかみついた」（根拠）ということは刺さったということだから、血が出て普通の五歳の子どもだったら泣いて前に進めないと思うけど、豆太は泣きながらそれでも走ったから（理由）、一番必死なのはここだと思う（主張）。

● 「医者様のこしをドンドンけとばした」と書いてあるけど（根拠）、ぼくたちはおじいちゃんやお年寄りの腰を蹴飛ばすなんてことはあり得ないから、それだけ少しでも早く助けてほしいという気持ちが分かるので（理由）、一番必死さが感じられるのはこの場面だと思います（主張）。

事例	「ごんぎつね」（小学校4年）
6	最後の一文はあった方がよいか

　「ごんぎつね」（新美南吉）は、小学校の教科書に50年以上も掲載されてきた不朽の名作である。

　最後の一文は、「青いけむりが、まだ筒口から細く出ていました」というものである。実際の授業では、ほとんどの子どもが「あった方がよい」と答える。教師を対象とした模擬授業でもそうである。その根拠と理由は以下のようにさまざまで、この作品が名作とされる所以である。

32

● 物語の前半に、「赤いさつまいもみたいな元気な顔」「ひがん花」というように、赤という色が多く出てくる（根拠）。それに対して、最後は「青いけむり」となっている（根拠）。こうした明るい感じの色とさびしい感じの色の対比によって、悲劇的な結末が強調される効果がある（理由）。だから、最後の一文はあった方がよい。

● 最後が「けむり」の描写で終わっている（根拠）。けむりはすぐに消えるもの、つまり、はかないもの、この物語ではごんの命のはかなさを象徴していると思うから（理由）、最後の一文はあった方がよい。

● 「青いけむりが、まだ筒口から細く出ていました」と書いてある（根拠）。ここから、兵十がごんを撃ったのが、ほんのちょっと前だということが分かる。もう少し待っていれば、ごんを撃たなかったのに、早まって取り返しのつかないことをしてしまったという悔恨の気持ちが伝わってくるから（理由）、最後の一文はあった方がよい。

● 最後に「けむり」で終わる（根拠）。これは、死んでしまったごんを悲しんで供えられたお線香のように思えてくるので（理由）、最後の一文はあった方がよい。

事例 7	「扇の的」（中学校2年） 与一は扇を射切る自信があったのか

　「平家物語」の「扇の的」において、「与一は、扇を射切る自信がありましたか、ありませんでしたか」という学習課題がある。生徒の意見をいくつか紹介したい。

[自信があった]
● 「自害して人にふたたび面を向かふべからず」とある。（根拠）

33

死ぬ気でやろうとしていることが分かる。（理由）
→自信があった。（主張）

● 「かぶらをとってつがひ、よつぴいてひようど放つ」とある。（根拠）
もし自信がなかったら、「よく引き絞る」余裕もなかったと思うので、も
っと頼りない描写になっていたはずだ、この描写は自信に溢れている。（理
由）
→自信があった。（主張）

● 「浦響くほど長鳴り」するくらい思い切り矢を射た。（根拠）
もし自信がなければ、浦響くほどの矢を放つことはできなかったと思う。
野球場でホームランを打った打球の音が球場に響いている感じがする。そ
れくらい自信に満ちた表現だ。（理由）
→自信があった。（主張）

● 「風も少し吹き弱り、扇も射よげにぞなったりける」とある。（根拠）
これは与一の視点から描写されている光景だ。最初は「をりふし北風激し
くて、磯打つ波も高かりけり」だった。この描写の移り変わりは、与一の
心情が落ち着いたことを表現している。（理由）
→最初は自信がなかったが、射る直前には自信を取り戻したと言える。（主
張）

［自信がなかった］
● 「南無八幡大菩薩……」と神様に祈っている。（根拠）
もし自信があれば神様に祈らず、さっさと挑戦しているはずだ。（理由）
→自信がなかった。（主張）

●「沖には平家……、陸には源氏……、いずれもいずれも……」とある。（根拠）
平家と源氏の両方から見つめられた状況で、プレッシャーを感じないはず

がない。プロ野球の選手がWBCという特別の場で緊張することがあるように、また、日本代表のサッカー選手がワールドカップで顔を紅潮させるように、どんな腕前があっても、常に自信満々でいられるわけがない。少なくとも与一は若く、場慣れしているようには見えない。（理由）

→自信がなかった。（主張）

● 「四十間余り」（80m）も離れている。（根拠）
80mというのは野球場のホームベースから外野席に近い所までの距離だ。しかも波があれば扇も揺れている。そんな状態で的を射るなんて無理だと思うはずだ。（理由）

→自信がなかった。（主張）

●馬を海に乗り入れて射ようとしている。（根拠）
もし自信があったら、その場で射てもいい。少しでも近づいて射ようとしていることが自信のなさの表れだ。（理由）

→自信がなかった。（主張）

このように、根拠（本文中の表現）と理由（そこから分かること）を区別することによって、それぞれの考え方の筋道がよく分かり、自他の異同が明確になり、生徒の考えがさらに広がり深まっていくのである。

また、古典というと、ともすると生徒の現実から遠い昔の話ということになりがちであるが、生徒の既有知識・生活経験（野球など）に基づいて与一の心情を解釈・類推しているのも注目される。

事例 8	「故郷」（中学校3年） 時の設定は真夏がよいか、真冬がよいか

第1章でも紹介した「故郷」（魯迅）での学習課題例である。以下は実際の授業における生徒の意見ではないのだが、次のような答えが予想される。

● 真冬がいい。「故郷に別れを告げなければならない」「私」の「寂寥の感」、悲しみや切なさを表すためには、炎天下でセミが鳴いている、明るいイメージの真夏よりも、「わびしい村々がいささかの活気もなくあちこちに横たわってきた」や「屋根には一面の枯れ草のやれ茎が、折からの風になびいて、この古い家が持ち主を変えるほかなかった理由を解き明かしている」と表現している真冬の方がふさわしい。その方が、「私」の心境と重なって、さらに強める効果をもっているからである。

● 真冬がいい。思い出深い故郷の明るいイメージ、「紺碧の空に、金色の丸い月が懸かっている。その下には海辺の砂地で見渡すかぎり緑のスイカが植わっている。その真ん中に、11、2歳の少年が、銀の首輪をつるし、鉄の刺又を手にして立っている」という色彩感の豊かな世界と対比させることによって故郷の荒廃した現実を強調するためにも、真冬の方が効果的だからである。

　こうした学習課題は、小説の基本的な設定（時・人・場）を検討することによって、最終的に作品の批評をすることにつながっていく。つまり、その作品の面白さや価値を判断して、相手を論理的に説得するということになる。

| 事例 9 | 「コンビニ店長からの挑戦」（小学校中学年以上）
グラフと表から商品名を当てよう |

　グラフと表（次頁）を手がかりにして、①〜④の商品がそれぞれ何なのかを推測するという課題である。
　実際の授業では、次のような考えが出された。

①おにぎり
根拠1………天候に関係なく、毎日60個以上売れている。
理由1………お米は日本人の主食であり、コンビニのおにぎりは手軽に食事

を済ますことができる。一人で2、3個買っていく人も多い。

根拠2………土曜日、日曜日に売り上げが増えている。

理由2………休日はレジャーに出かける人やスポーツ少年団の子どもたちが昼食用におにぎりをたくさん買っていく。

 月曜日発売の週刊まんが　 おにぎり　 アイス　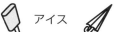 ビニールがさ

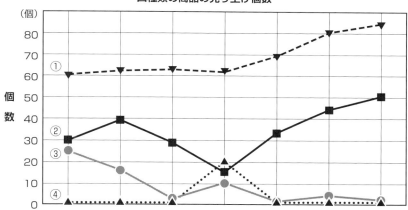

四種類の商品の売り上げ個数

月日	9月1日	9月2日	9月3日	9月4日	9月5日	9月6日	9月7日
曜日	月曜日	火曜日	水曜日	木曜日	金曜日	土曜日	日曜日
天気	晴れ	晴れ	くもり	雨	晴れ	晴れ	晴れ
最高気温	29℃	35℃	30℃	24℃	30℃	32℃	34℃

（出典：沼津市教育委員会編『みんなとつなぐ 言語科 副読本 小学校3・4年』2009年）

②アイス

根拠1………雨が降って、気温も24℃と最も低い木曜日に売り上げが減っている。平日では35℃の日に最もたくさん売れている。

理由1………アイスは気温が高い日に食べると冷たくておいしい。逆に気温の低い日はアイスを買う人が少なくなる。

根拠2………週末になると売り上げが増えている。

理由2………子どもたちはアイスが好きで、学校が休みなので買いに来る人が平日よりも多くなる。

③月曜日発売の週刊まんが
根拠1………月曜日に約25冊と最も多く売れている。
理由1a ……だれでも早く読みたいから、発売日に買いに行く。
理由1b ……早く買わないと売り切れてしまうかもしれないと思う人がいる。
根拠2………雨の降った木曜日に売り上げが少し伸びている。
理由2a ……コンビニで雨宿りをしていて、まんがを買う人がいる。
理由2b ……雨の日は退屈で、まんがでも読もうかと思って買いに来る人がいる。

④ビニールがさ
根拠…………雨の降った木曜日だけ売れている。
理由a………かさを忘れた人がコンビニで買う。
理由b………雨が降っていない日にビニールがさを買う必要がない。もし普通のかさなら、雨が降っていない日にも日よけとして買う人がいるかもしれない。

　ちなみに、この学習は小学生でも大学生でも、誰でも意欲的に取り組める。クイズ的という理由に加えて、コンビニが大変に身近なものなので、自分の既有知識や生活経験に基づいてさまざまに考えることができるからである。
　マンガが好きな小学生は、すぐに③が『少年ジャンプ』だと答えるし、コンビニでアルバイトをしている大学生は、ビニールがさは雨の日しか店頭に置かないと答える。
　こうした個人的な経験が出されて、多様な理由づけが交流されていくのも面白い。

2 いろいろな教科で取り入れる

　先に述べたように、国語科は論理的思考力・表現力を育てる中心的な教科である。では、その役割を国語科だけに任せておいてよいのだろうか。答えは否である。むしろ、他の教科と連携して育てていかなくてはならない。というのも、どの教科の学習においても「三角ロジック」を軸とした論理的思考力・表現力は必要になるからである。算数・数学、理科、社会、外国語などはもちろん、実技教科といわれる体育、音楽、図工・美術、技術・家庭などでも、自分の考えを論理的に述べなくてはならないことは多い。

　たとえば、図工・美術の鑑賞でも、なぜその作品がすばらしいのかを誰にも理解できるように説明するとき、「三角ロジック」は有効である。「なんとなくこの絵がいいと思います」という印象批評では説得力がない。「この赤い色彩と線の細やかな描き方から人物の心情がよく分かるので、この絵がとてもすばらしいと考えました」というような論理的な批評だと説得力が増してくる。体育で、サッカーのチームプレーを練習するとき、なぜそういう動きをしなくてはならないのかを相手に分かりやすく説明するときにも「三角ロジック」が必要になってくる。根拠も理由も言わずに、ただ「こうしろ！ああしろ！」と言われても誰も納得できないだろう。こうした論理的なコミュニケーション能力は、強くなるための早道である。サッカー日本代表の選手たちも、こうした言語技術の専門的なトレーニングを受けている。

　こうして他教科と連携して、いろいろな教科の中でそれを繰り返し学ぶことによって「三角ロジック」を習得・活用していくことができるのである。

　本節では、小・中学校の国語以外の教科における授業の中から、「三角ロジック」を使った学びの様子を見ていくことにしよう。（ただし全ての教科を取り上げていないことをお断りしておく。）

事例	算数（小学校3年）
10	**棒グラフを読み取り、書き手の意図を考えよう**

　下のグラフと表は、3年1組と3年3組の6月、9月、10月の図書の貸し出し数を表している（グラフの目盛りの数字は省略）。

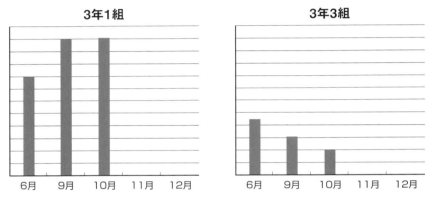

クラス別の図書の貸し出し数

	6月	9月	10月
1組	159	220	221
3組	666	459	297

実際の数を表した表

　3年3組の棒グラフを作った図書委員の意図は何だろうか？
　こうたくんはこう考えた。

[根拠]
- グラフを見ると、貸し出し数は1組の方が多く見えるけど、表を見ると、実際は3組の方が多い。

- 3組のグラフは上の部分が大きく空いている。
- 3組の貸し出し数はだんだん減っている。
- 3組のグラフの目盛りは150冊きざみで、1,800冊まで書いてある。

[理由]
- 3組の図書委員は、本を借りる人数を少なく見せるようにすることで、もっとたくさん本を読んでほしい、できれば1,000冊を超えるようになってほしいということを伝えようとした。

[主張]
- だから、こういう棒グラフを作ったのではないか。

　このように、4つの根拠（グラフに示されたデータ）をもとにして、3年3組の棒グラフを作った図書委員の意図を合理的に推論している。

事例 11	社会（小学校4年） 消防士はなぜすばやく出動できるのか

　子どもたちは資料集の中から、その根拠となる記述を探して発表していた。

[根拠]
① 車庫の近くの部屋で、作業服のまま眠る。
② 時間交代で勤務する。
③ すばやく服を着る訓練をしている。
④ 119番通報が消防署ではなく、市の消防局の通信指令管制室につながるようになっている。

　しかし、特に④がなぜすばやく出動できることになるのか、その理由を考

えることが不十分だった。

　また、根拠として必要となる情報以外のものを探している子どもたちもいた。たとえば、「地震に備える訓練もしている」という関係のない文をあげる子どももいた。

　では、119番通報が市の消防局の通信指令管制室につながると、なぜすばやく出動できるのだろうか？

　たとえば、次のような理由が考えられる。

[理由]

　最も近い消防署にすぐに連絡が届くようなシステムになっているから。もし119番通報がある一つの消防署だけに届くとしたら、それが火災現場に最も近い消防署でなかった場合、連絡が手間取ることになる。

事例 12	理科「力学的エネルギー」（中学校・第1分野）
	止まっている車（A）に走ってきた車（B）が衝突したら、どちらの衝撃が大きいか

　学習者の多くは自分たちの素朴な考え方（衝突後に飛ばされているからダメージが大きい）に基づいて、ぶつけられた車Aの方が衝撃が大きい（A＞B）と考えていた。

　これは正しいように見える。しかし、たった一人、A＝Bと考えているタケ君が、「**車じゃなくて人間でやってみて、思ったんだけど。もし走っている人が、止まっている人にぶつかったら、相当いたいでしょ**」と発言した。これは他の学習者にも影響を与えて、「私もタケと同じ考え。（中略）走っている人が、止まっている人にぶつかったら、ガーンとぶつかって、どっちもいたいと思う」という発言が続いた。他にも、「手をたたくとどっちもいたい」という発言が出て、実際にみんなで手をたたいて確認している。

　こうした身近な生活経験をもとにした意見が、教師のさまざまな働きかけと相まって、学習者がA＝Bという考えに変容するきっかけとなった。

この学習課題は、「作用・反作用の法則」に基づいて、どちらも同じ力であるというのが正解である。このあとの実験で、AとBにバネを取り付けて衝突させたところ、どちらも縮み具合が同じであるという結果が出た。タケ君の考えは正しいものだったのである。

　理由づけにあたって、自分の生活経験から類推して考えることの大切さがよく分かる事例である。

事例	理科「圧力」（中学校・第1分野）
13	水圧の大小を決める条件は何か

次のような学習課題が設定された。

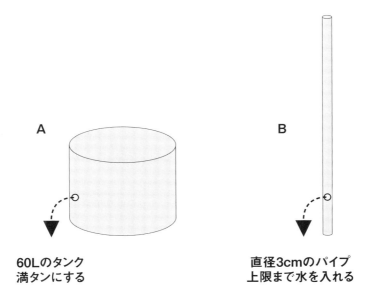

　AとBの装置において、装置の下にあけた穴に貼ってあるテープを同時にはがして水を排出させたら、どちらの方が遠くまで水が届くでしょうか？

多くの生徒はＡの方が遠くまで届くと答えたが、その理由は明確でなかった。「水の量が多いから圧力が大きくなる」といった漠然とした理由が多かった。

　一方、Ｂの方が遠くまで届くという意見もあったが、これまた理由がはっきりしなかった。

　正解はＢである。ここで、あらためてその根拠と理由を考えてみよう。

［根拠］水の深さがＡの２倍ほどある。
［理由］水の圧力は量ではなく、深さに関係があるから。

- お風呂に入ったとき、手を浴槽の底につけると、とても重たく感じる。
- プールで深いところに潜ると、水中メガネがきつく感じる。
- 深海から釣り上げられた魚の目玉が飛び出したり、浮袋が口から出たりしている。大きな圧力から解放されたからこうなる。
- 深海調査船は圧力に耐えられるように特別に設計されていると先日のテレビ番組で言っていた。

　この事例からも、理由づけにあたって、自分の生活経験から類推して考えることの大切さが分かる。

事例	音楽「器楽」（中学校3年）
14	撥弦楽器（琵琶・ウード・リュート）のちがいを聴き取ろう

　琵琶（和楽器）、ウード（アラブ及びトルコの楽器）、リュート（ヨーロッパの楽器）の音色や奏法の特徴を聴き取る学習である。楽器の形状等を参考に、各楽器の共通点・相違点、音楽の多様性などについて、自分の感じたことや考えたことを記述する。

　記述にあたっては、一般的な感想にならないようにすることが大切である。

44

「各楽器の共通点・相違点」について考えるためには、ウード、リュート、琵琶がいずれも撥弦楽器（弦をはじいて音を出す楽器）であることを前提とした上で、それぞれの楽器の基本構造（弦・胴・棹・糸蔵）をはじめ、フレット・つめ（ばち）などについて教科書や資料集を読んで知っていることが必要である。これが根拠となる事実である。

それによって、これらの弦楽器をギターやバイオリンといったより身近な弦楽器（自分の既有知識・生活体験）と比べることが可能になり、それらの特徴が明確になってくる。

たとえば、それぞれの演奏を聴いて、感じたことや考えたことを書くという課題に対しては、次のような文章が書けるだろう。

● ウードはフレットがない。半音階よりも細かい微分音が出せる。（根拠）
　そのため、音がゆれたりたわんだりするように聞こえる。（理由）
　だから、エキゾチック（異国風）で不思議な雰囲気が漂っている弦楽器である。（主張）

● リュートは弦の数が多い。爪もない。（根拠）
　そのため、やさしい響きがする。（理由）
　だから、心がとても癒される弦楽器である。（主張）

● 琵琶は弦の数が少ない。大きなばちで演奏する。（根拠）
　そのため、音がはっきりと鋭く聞こえる。（理由）
　だから、迫力のある演奏に適した弦楽器である。（主張）

事例 15	体育「キックベースボール」（小学校3年） 蹴ったボールを高く上げるには

キックベースボールをやっているうちに、子どもたちから「なんとかして相手チームの頭の上を越えるようなボールを蹴りたい」という欲求が生まれ

てくる。

　どうしたらそういうボールが蹴れるのかという課題について話し合うと、自分の経験を根拠にして、「つま先で強く蹴ったら高く飛ぶ」という主張をする子どもが出てくる。しかし、これだと、つま先がボールの中心部の下に当たったときはよいが、それ以外のときはボールがねらいの方向から逸れてしまうので確実性に欠ける。正しい蹴り方は、「足の甲でボールの下の方を蹴る」というもので、これだとボールを「点」でなく「面」でとらえることになり、確実性が増す。

　このことに気づかせようとしていたら、サッカー経験のある子どもが、「ボールを高く上げるには足の甲ですくい上げるように蹴ればいい」と発言した。練習していくことで、だんだんボールをねらった方向に高く飛ばすことができるようになった。

　これを「三角ロジック」で表すと、次のようになる。

[根拠]
●つま先で蹴ると、ボールが右に行ったり左に行ったりしやすい。
●つま先でボールの上を蹴るとゴロゴロ転がってしまう。
●足の甲で蹴るとボールが高く上がる。
●足の甲で蹴ると多少ズレても思った方向に飛んでいく。

[理由]
●足の甲で蹴るとボールを面でとらえるので確実性が高まるから。
●足の甲で蹴るとボールを下からすくい上げるようになるから。
　（ゴルフクラブのように飛び出し角度がついて高く上がる）
　（プールの中で水かけ遊びをするとき、水を高く飛ばすときは、手の甲ですくい上げるようにする）

［主張］

● 相手チームの頭の上を越えるようなボールを蹴るには、足の甲でボールの下の方を蹴ればいい。

　ここでのポイントは、「すくい上げると高く上がるから」という理由づけにおいて、自分の生活経験から類推していくことである。ゴルフクラブやプールでの水かけ遊び以外にもありそうだ。

事例	道徳（小学校5年）
16	自分だったらどうするか

　『父の言葉』（黒柳徹子）という道徳資料のなかに、子ども時代に大病をして奇跡的に回復した筆者（わたし）が、同じ病気でも後遺症が残った隣の病室の子と退院後に道で会ったときに隠れるようになったというエピソードがある。授業では、「自分だったらどうするか？」という学習課題が設定された。

れいし　ぼくだったら、話しかけられたらいやな気持ちになります。なぜかというと、自分は治らなかったのに、治った人から話しかけられると、お世辞を言っているというか、自慢しているように思うからです。

まきこ　私は話しかけます。理由は、いつも隠れられていると、いい気持ちがしないし、それより話しかけられたら元気になると思うからです。

まさき　ぼくも話しかけます。ぼくも隠れられたらいやな気持ちになる。だったら声をかけて勇気づけたり、手助けしたりする方が女の子のためになるからです。

たかし　ぼくは、赤い松葉杖が見えて、ずっと隠れるのも気まずいし、ぼくとしては……、何かへん。だから、やっぱり話しかけた方

　　　　が何となくいいと思う。
教師　へんってどういうこと？
たかし　気まずい……。何か……ぼくだったら何かいやになる。
教師　どうして？
たかし　つかれる。なんで隠れないといけないのか……。

　たかしくんは、隠れずに話しかけた方がいいと述べている。その理由は、最初は「何かへん」というあいまいなものだったが、教師の問いかけによって、「気まずい」「つかれる。なんで隠れないといけないのか」というように具体化していった。
　さらに、この後、かおりさんは次のように述べている。

　お父さんが「隠れないで話しなさい」と言ったのは、隠れているだけだったら何も始まらないということ、隠れているだけだったら、相手にとっていない人になるわけで、いない人とは何も始まらない。
　（隠れてしまうと）名前も知らない、同じくらいの年の同じ病気の、ただとなりの病室にいた女の子のままで終わってしまうから、近くにいるのに、それだけしか知らないことになってしまうから、そのままだと、もういない人と同じになっちゃう。

　このように、かおりさんは「隠れないで話しなさい」という父の言葉を根拠にして、隠れてしまうと「いない人と同じになる」という別の理由づけをして、隠れない方がいいと述べている。
　道徳的判断をする場合でも、そのもとになるのは根拠と理由をともなった論理的思考が重要になるのである。

3

学校ぐるみで取り入れる

熊本大学教育学部附属小学校・「論理科」の取り組み

　熊本大学教育学部附属小学校は、平成21年度から23年度までの3年間、文部科学省委託研究校として、「論理科」のカリキュラム開発に携わってきた。特に「論理科」では、単なる形式論理の学習にとどまるのではなく、「対話」による論理的コミュニケーション能力の育成をめざして授業づくりを行ってきた。その基盤となる理論となったのが、トゥルミンの論証モデル（トゥルミン・モデル）とその簡略版である「三角ロジック」であった。

　なぜトゥルミン・モデルかというと、特定の専門的知識をもたないで行われる日常的な議論の基礎的な構造となる理論だからである。したがって、そうした日常的な議論の力を育てることを目的とする国語科はもとより、算数、社会、理科などの教科においても、教科固有の知識・技能の習得にあたって、「根拠・理由・主張」という「三角ロジック」を使うことによって学びが深まるとともに、論理的に考える力も育っていくと考えられる。

　つまり、「三角ロジック」には「論理科」と各教科をつなげること、あるいは教科と教科をつなげることによって、学校教育全体で子どもたちの論理的思考力・表現力を育てていくことが期待できる。こうした展望のもとで、附属小での実践研究がスタートしたのである。

　そのポイントは、単なる形式的なスキルの反復練習（ドリル）で終わるのではなく、自己と他者との関係性、他者との対話の中で学びも深まるし、それによって初めて生きて働くコミュニケーションスキルも身につくという学習論に立っていることである。その対話を成立させてくれるのが「根拠・理

由・主張」という論理的思考のツールである。それによって自分の考えをしっかりともつこと、そして、それを伝え合うことによって、学びが広がり、深まっていく。

　根拠も理由もはっきりしないままの「思いの言い合い」では、いくら見かけが活発であっても、肝心の思考や認識が深まっていかない。本書でここまで紹介した授業事例を見ると、そのことがよく分かる。「三角ロジック」を通して各教科・教材の学びが深まっているのである。

　これは、新しい学習指導要領で言われている「主体的・対話的で深い学び」そのものである。まさに、子どもたちのアクティブな学びを保証するのが「三角ロジック」を活用した論理的思考・表現なのである。

　内田伸子氏は、熊本大学教育学部附属小学校の「論理科」の教育目標を次のようにまとめている（河野順子・熊本大学教育学部附属小学校編、2013 年）。

　論理科の教育目標は、第一に、情報（図表・文章等）に表された内容を読み解く、第二に内容の真偽性や考えの妥当性について判断する、第三に事実や考えを筋道立てて表現し論述する、という３点であり、対話や討論を適宜導入して授業を進めていく。ワークシートの記述や作文を手がかりにして、児童が何を学んだかを測定・評価し、授業を改善してきた。１年生から６年生まで、「言語表現法（言語技術）」の指導と「対話的・協働的学習」を組み合わせた学習活動に取り組んだ。まず、比較による類推を行わせる。ワークシートに相違点と共通点を記す。ワークシートに自分の考えを書きつけ省察（メタ認知）する。ふたつのどちらがよいかを論拠をあげながら対話・討論する。自己内対話と他者との対話を通して考え、判断がくだされる。

　また、内田氏は、「論理科」カリキュラムの開発と実践の成果を次のようにまとめている（上掲書）。

（1）　子どもたちの比較する力や既習要素の定着が導入前に比べて伸びた。
（2）　自分の考えを理由づけて話そうとする子どもが増え、教室でも家庭でも、

「その理由は何？」とか「根拠は何かを教えて」というような質問が増えた。

（3）　思考力や表現力を必要とする「PISA 型読解力」を査定する課題の通過率が学期を追うごとに上昇した。

　こうした熊本大学教育学部附属小学校の取り組みの成果としては、次のようなものがある。

・内田伸子・河野順子・鹿毛雅治・熊本大学教育学部附属小学校『「対話」で広がる子どもの学び―授業で論理力を育てる試み―』明治図書、2012 年。

・河野順子・熊本大学教育学部附属小学校編『言語活動を支える論理的思考力・表現力の育成―各教科の言語活動に「根拠」「理由づけ」「主張」の三点セットを用いた学習指導の提案―』溪水社、2013 年。

　特に後者は、「三角ロジック」を共通の思考ツールとした各教科の授業実践事例が集められている。注目すべきは、子どもの発達調査や学びの履歴・文脈・つまずきもふまえて、教科横断的に論理的思考力・表現力の育成をめざしたことである。本章で紹介した授業事例の多くもここから取り上げている。

　特筆すべきは、こうした取り組みは附属小学校にとどまらず、附属学校園にも広がっていることである。

　2010 年度から 5 カ年計画で、熊本大学教育学部附属幼稚園、小学校、中学校、特別支援学校の四附属学校園と熊本大学教育学部との連携事業として、「論理的思考力・表現力育成のためのカリキュラム開発―幼小中連携・教科間連携を視野に入れて―」という取り組みが始まった。そこで中心的な役割を果たしたのが、河野順子氏（2013 年度から 2015 年度まで附属小学校校長）であった。熊本県教育委員会後援、熊本市教育委員会共催という形で「新学習指導要領キックオフシンポジウム」と題する研究大会を毎年 3 月に開催している。

　これを通して、「三角ロジック」による論理的思考力・表現力の育成の必要性が附属学校園のみならず、熊本市内、熊本県下の公立小・中学校の先生

方にも共有されるようになった。その結果、「授業が変わった」「子どもたちの発言や話し合いが変わった」という現場の声が多く聞かれるようになった。

　私自身も毎年数回熊本を訪れ、附属小学校をはじめ、いくつかの小学校の校内研究会にも参加させていただいた。また、日本国語教育学会熊本支部研究大会、熊本市中学校国語教育研究会主催冬期講演会など、多くの機会に「三角ロジック」による授業づくりを具体的に提案させていただいた。

　次の 2 冊は、その成果の一部である。

・鶴田清司・河野順子編『論理的な思考力・表現力を育てる言語活動のデザイン　小学校編』明治図書、2014 年。

・鶴田清司・河野順子編『論理的な思考力・表現力を育てる言語活動のデザイン　中学校編』明治図書、2014 年。

熊本大学教育学部附属中学校・三角ロジックを取り入れた授業開発

　先に述べた熊本大学教育学部と四附属学校園との連携事業の中で、附属中学校では、比較・分類・関連づけなどの「思考様式」とともに、「三角ロジック」を活用した授業の開発が進められた。

有田氏の実践とその成果

　有田勝秋氏は、「三角ロジック」を取り入れた国語科の特設単元を組んで実践に取り組み、その成果をまとめた。少し長くなるが、紹介したい（河野順子・熊本大学教育学部附属小学校編、2013 年）。

　有田氏がこの特設単元を設定したのは、中学校 3 年間を通して論理的思考力・表現力の育成をめざして系統的な学習指導を積み重ねてきたものの、生徒たちの実態から、次のような課題が残されていると考えたからである。

　課題に対する情報の取り出し、統合・分析においては、多様な思考・判断の力を十分発揮しておらず、その結果、表現される成果は一つの根拠から一つの

主張を導き出すレベルにとどまっている。

これをクリアするために、有田氏は次のような改善プランを立てた。

① 課題に対して多様な視点から情報を取り出し、統合・分析する活動（思考・判断）の質を高める必要がある。

② その結果を表現する際、主張を支える根拠の適切さ、厚み、適切な理由づけなど表現活動の質を高める必要がある。

そして、特設単元では次のような目標を設定した。

文学的文章の読解における情報の取り出し、統合・分析の知識・技能と「根拠・理由づけ・主張」の整った説得力のある表現を身につける。

学年は中学校3年生、取り上げる教材は、「走れメロス」（太宰治・3時間扱い）、「レモン哀歌」（高村光太郎・3時間扱い）、「枕草子」（清少納言・4時間扱い）で、いずれも学習課題に対する答えを「三角ロジック」を用いて説明することを共通の目標とした。単元の終了後には、80名の生徒にアンケートを実施して、実践の検証を行っている。

以下に、アンケートへの回答の一部を紹介する。

◆**この単元を通して表現・論証の仕方が変化したか**

　（この項目に対しては、21％の生徒が「変化した」と回答している。「三角ロジック」という思考ツールに焦点化して、それを継続的に活用したことが有効だったことがうかがえる。）

　結論・根拠・理由づけの根拠と理由づけにこだわるようになりました。今までの自分は、一つ根拠を見つけたら、「〜だと思う。なぜなら〜だから」という結論―根拠のスタイルで終わっていましたが、今は、本当にそれだけで大丈夫かという根拠の確認や自分が描いていることは相手に伝わるかなど、解説を丁寧に行うようになりました。

　授業者の有田氏も述べているように、ここで「解説を丁寧に行う」という

のは、根拠を一つあげるだけでなく、それをどう自分の主張につなげていくのか、きちんと理由づけして自分の考えを説明するようになったということを意味する。

◆この単元を通して発表・討論の仕方が変化したか

　（この項目に対しては、14％の生徒が「変化した」と回答している。）

> 　（話し手として）三角ロジックを使うことで、自分自身が意見を述べるときに、より論理的でまとまった話し方ができるようになった。班で話し合うときも、主張→根拠・理由づけのすっきりした話し合い、まとめができるようになったと思う。
>
> 　（聞き手として）すぐに疑問が出るようになりました。相手が説明していると、以前は、聞くばかりで、次は、次は、と一人ずつ意見を言うだけでした。しかし、今は、意見の途中で分からないことがあると、「なぜ？」や「もう少し詳しく」というような声が増えたと思います。その疑問を班員みんなで解決しようとすることも多くなり、討論が充実していると感じるようになりました。

　「三角ロジック」によって、話し手として論理的な話し方ができるようになっただけでなく、聞き手として主体的かつ論理的（批判的）に聞くことができるようになったという点に注目したい。まさに「主体的・対話的で深い学び」が成立することになるだろう。

　最後に、「枕草子」の最終課題に対する記述を見ていこう。

　「あなたがいちばんすばらしいと感じた季節や清少納言のものの見方や感じ方、表現の仕方等について、興味をもった点を取り上げ、そう感じたわけや興味をもった点について『主張・根拠・理由づけ』の整った説明文を書きなさい」という課題である。先に、「表現・論証の仕方の変化」のところでアンケート回答を紹介した生徒の学習シートには、次のように書かれていた。

54

私が「枕草子」の中でいちばんすばらしいと感じた季節は秋である。なぜなら、秋は一つの季節の中でさまざまな表現が楽しめ、清少納言のものの感じ方や見方の特徴が文章に表されているからだ。

　まずはじめに、秋のシーンを見ていきたい。秋では、からすが寝所へ飛んでいるということと、雁が一列に連なって飛んでいることを中心に二つの対象を比較している。このシーンのすばらしさは、一つの事柄だけで比較していないということだ。飛んでいる様子のほかに、対象の二つも比較されている。からすというのは、どこにでもいる日常的な鳥であるのに対し、雁は、秋の終わりから冬にかけて日本にやってくる渡り鳥で、非日常的な鳥である。秋のシーンでは、こういった比較の技術がすばらしい。

　まず、冒頭で結論を一文で述べたあとで、「なぜなら〜」とその理由を一文でまとめている。そして、本文中の「からす」と「雁」の描写を根拠にして、日常と非日常を対比的にとらえる見方がすばらしいと具体的な理由づけを行っている。たいへんすぐれた批評文と言える。

　「三角ロジック」を身につけると、説得力のある意見文や批評文が書けるようになるのである。

田上氏の実践

　田上貴昭氏は、次のような学習課題で実践（中学1年生）を行った。

　学校紹介のとき、新入生に「附属中の良さ」を伝え、安心して学校生活を送ってもらうために、どの写真を使えばよいか。

　生徒たちは四人一組のグループを作り、「授業」「行事」「生活」という三つの観点から、AとB、CとD、EとFの写真のどちらを使うと効果的かという話し合いをしていった。

55

 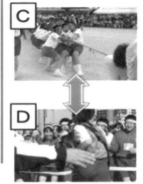 

　その際、田上氏は、単に「三角ロジック」を使うだけでなく、より望ましい理由づけとして「自分自身の経験と関連づけて『一年生が心配していること』を類推すること」が大切であることに気づかせている。
　ある生徒の意見を紹介する。

> 　私はDの写真を選びます。その理由は、Dの写真からクラスの一体感が伝わってくるからです。Dの写真ではゴールする人の向こう側にそれをよろこぶ友達の姿が写っています。Cの写真も良いのですが、やはりDの方が、これからの生活に対して不安をもっている一年生にとって「大丈夫かもしれない」と思わせることができると思うので、私はDを選びます。

　Dの写真は、クラス別対抗リレーでゴールするときの写真である。そこに写っている友達の姿を根拠にして、「一体感が伝わってくる」と理由づけをして、自分の主張を述べている（詳しくは、鶴田清司・河野順子編『論理的な思考力・表現力を育てる言語活動のデザイン　中学校編』2013年、明治図書を参照）。

PART3

三角ロジックで論述問題に強くなる

1 論述問題は難しくない

2 立場を決めて書く

3 資料を読み取って書く

4 三角ロジックで論述トレーニング

論述問題は難しくない

1

PART3 では、実際に学力調査や入学試験などに出題された論述問題を見ていくことにしよう。

先にも述べたように、日本の子どもたちは論述問題の出来が悪い。諸外国と比べて、無答（白紙）の答案が多いことも明らかになっている。

なぜ、論述問題が苦手なのだろうか。その理由として、選択式の問題とちがって、明確な正答がないので自信がない、書くことが面倒くさい、何を書いていいか分からないといったことが考えられるが、そのほかに、文章をうまくまとめられない、書き方が分からないという理由もあげられるだろう。

しかし、「三角ロジック」を使うと、「○ページ○行目に〜と書いてある。ここから〜ということが分かるので、筆者の意見に賛成である」というように自分の考えを文章にまとめることができる。まず根拠となる文や言葉を抜き出して、その意味を自分なりに解釈・推論して、自分の結論を述べるというスタイルである。もちろん、結論を最初にもってくるという重点先行型（頭括型）の文章構成でもよい。「私は筆者の意見に賛成である。なぜならば……」という形である。いずれにしても主張を支える根拠と理由がはっきりと示してあれば合格である。

今回、本書を執筆するために、学力調査や入学試験の論述問題を調べてみたところ、「三角ロジック」を使うことが有効な問題が多いことが分かった。これからの社会でも、高校や大学でも、自分の考えを論理的に表現する力が求められているのである。

この背景には、これまでの知識偏重、詰め込み教育への反省がある。大学入試でも高校入試でも、重要な事項をひたすら暗記する、問題の解き方をマスターするという受験勉強が広がっている。しかし、そうした勉強では、試

験が終われば覚えたことをすぐに忘れてしまうだろう。そもそも学問研究に
たった一つの正解というものはないし、社会に出てからもたった一つの正解
というものはない。自分の力で真理を探究していったり、問題を解決してい
ったりするしかないのである。

　急速にグローバル化・情報化が進む現在、ヨーロッパであれアジアであれ、
従来のような受験型学力よりも、さまざまな情報を読み解いて自分の考えを
しっかりともち、それを言葉を通して適切に表現・伝達して、他者と意思疎
通ができる能力、協働的に問題解決を図っていく能力が求められている。

　国際学力調査の「OECD 生徒の学習到達度調査（PISA）」もそうした力を
見ようとしている。それは、グローバルな視点から 21 世紀の社会で必要に
なってくる能力である。つまり、大学入試センター試験のように、学校で学
んできた各教科の基礎的な知識や技能を見るための問題ではなく、それらを
活用して社会をよりよく生きていく力を見ようとする問題である。具体的な
状況や場面における思考力・判断力・表現力が問われることになる。

　PART3 では、こうした問題を集めてみた。今後の入試でますます重視さ
れるようになると予想される。

　第2節では、AかBか立場を決め、その根拠や理由を論じるスタイルの
問題を集めた。国際的な学力調査（PISA）や日本の全国学力・学習状況調
査などの問題からピックアップしてみた。

　第3節では、いくつかの資料を読み解きながらそこにある情報を根拠に事
象を解釈したり自分の主張を組み立てるスタイルの問題を集めた。おもに、
2016 年度の日本の高校入試問題から問題をピックアップしてみた。国語以
外の教科も取り上げている。また、2020 年度からスタートする「大学入学
共通テスト」のモデル問題も取り上げてみた。本番では、これと似た問題が
出題されることになるだろう。

　なお、特に断りのないかぎり、解答例は筆者の自作による。先にも述べた
ように、解答例を見る前に、まず自分でチャレンジしてほしい。そのあとで
解答例と自分の考えを見比べるとより効果的である。

59

2 立場を決めて書く

例題	落書きについての手紙
1	PISA2000・読解力調査問題より

学校の壁の落書きに頭に来ています。壁から落書きを消して塗り直す
のは、今回が4度目だからです。創造力という点では見上げたものだけ
れど、社会に余分な損失を負担させないで、自分を表現する方法を探す
べきです。

禁じられている場所に落書きするという、若い人たちの評価を落とす
ようなことを、なぜするのでしょう。プロの芸術家は、通りに絵をつる
したりなんかしないで、正式な場所に展示して、金銭的援助を求め、名
声を獲得するのではないでしょうか。

わたしの考えでは、建物やフェンス、公園のベンチは、それ自体がす
でに芸術作品です。落書きでそうした建築物を台なしにするというのは、
ほんとに悲しいことです。それだけではなくて、落書きという手段は、
オゾン層を破壊します。そうした「芸術作品」は、そのたびに消されて
しまうのに、この犯罪的な芸術家たちはなぜ落書きをして困らせるのか、
本当に私は理解できません。

ヘルガ

十人十色。人の好みなんてさまざまです。世の中はコミュニケーショ
ンと広告であふれています。企業のロゴ、お店の看板、通りに面した大
きくて目ざわりなポスター。こういうのは許されるでしょうか。そう、
大抵は許されます。では、落書きは許されますか。許せるという人も

れば、許せないという人もいます。

　落書きのための代金はだれが払うのでしょう。だれに最後の広告の代金を払うのでしょう。その通り、消費者です。

　看板を立てた人は、あなたに許可を求めましたか。求めていません。それでは、落書きをする人は許可を求めなければいけませんか。これは単に、コミュニケーションの問題ではないでしょうか。あなた自身の名前も、非行少年グループの名前も、通りで見かける大きな製作物も、一種のコミュニケーションではないかしら。

　数年前に店で見かけた、しま模様やチェックの柄の洋服はどうでしょう。それにスキーウェアも。そうした洋服の模様や色は、花模様が描かれたコンクリートの壁をそっくりそのまま真似たものです。そうした模様や色は受け入れられ、高く評価されているのに、それと同じスタイルの落書きが不愉快とみなされているなんて、笑ってしまいます。

　芸術多難の時代です。

ソフィア

【問1】

　この2通の手紙は、落書きについての手紙で、インターネットから送られてきたものです。落書きとは、壁など所かまわずに書かれる違法な絵や文章です。

　あなたは、この2通の手紙のどちらに賛成しますか。片方あるいは両方の手紙にふれながら、自分なりの言葉を使ってあなたの答えを説明してください。

　この問題は、落書きを批判するヘルガの手紙と落書きを擁護するソフィアの手紙を読んで、どちらの意見に賛成するかを述べることを求めている。

　「片方あるいは両方の手紙の内容にふれながら、自分なりの言葉を使って」という条件が付いているので、根拠となる言葉・文を引用して、それを自分の既有知識や生活経験をもとに意味づけながら、賛成の理由を述べることになる。

ところが、日本の高校生の無答率は15%とOECD平均の2倍であった。こうした記述式問題に苦手意識があることがうかがえる。

【解答例1】
　私はヘルガの手紙に賛成である。第一の理由は、落書きは、ヘルガの言うように「犯罪」にあたるということである。他人の大切なものを「台なし」にしてしまうので、日本でも刑法の対象としてきびしく処罰されている。第二の理由は、落書きを完全に消すのには時間とお金が非常にかかり、「社会に余分な損失を負担させ」ることになるということである。実際、私も町内美化ボランティアに参加したことがあるが、スプレーで書かれた落書きがなかなか消えなくて苦労したことがある。
【解答例2】
　私はソフィアの手紙に賛成である。その理由は、ソフィアが言うように、落書きも「一種のコミュニケーション」であると考えるからである。落書きをする人は、なんとかして自分の存在をアピールしたい、自分の作品を多くの人に見てもらいたいと思っている。ソフィアもあげている「広告」はいくら目障りであっても許されている。一方的に大音量で流れてくるテレビCMもそうである。落書きもそれと大きく変わらない。よほど悪質な落書きでないかぎり、コミュニケーションの手段として認められるべきだと考える。

【問2】
　手紙に何が書かれているか、内容について考えてみましょう。
　手紙がどのような書き方で書かれているか、スタイルについて考えてみましょう。
　どちらの手紙に賛成するかは別として、あなたの意見では、どちらの手紙がよい手紙だと思いますか。片方あるいは両方の手紙の書き方にふれながら、あなたの答えを説明してください。

この問題は、手紙の内容は別として、手紙の書き方として、どちらの手紙がよい手紙かを説明することを求めている。この問題も、問1と同様、「片方あるいは両方の手紙の書き方」をあげることが条件になっている。

　根拠となる部分を引用して、なぜそれがよい手紙なのか、その理由を述べることになる。

　しかし、この問題も日本の高校生の無答率は27％（参加国中で最も高い）に達し、正答率も55％にとどまった。

【解答例1】
　私はヘルガの手紙がよい手紙だと考える。その理由として、言いたいことがはっきりと伝わってくるからである。最初に「学校の壁の落書きに頭に来ています」とストレートに言い切り、最後に「本当に私は理解できません」と締め括っている。手紙というのは相手に分かりやすく伝わることが大事なので、ヘルガの手紙がよいと考える。逆に、ソフィアの手紙はまわりくどくて、何が言いたいのか分かりにくい。

【解答例2】
　私はソフィアの手紙がよい手紙だと考える。その理由として、読み手と会話するような調子で書かれているからである。たとえば、「こういうのは許されるでしょうか」とか「落書きのための代金はだれが払うのでしょう」とか「コミュニケーションの問題ではないでしょうか」といったように、相手に語りかけながら書き進めているところが多い。これによって読み手は、ヘルガの手紙のように一方的に相手の主張を聞かされるのではなく、自分も一緒に考えながら読んでいくことになる。本来、手紙は双方向的なものであるので、ソフィアの手紙の方がよいと考える。

PART3　三角ロジックで論述問題に強くなる

例題 2	**インフルエンザ予防接種のお知らせ**
	PISA2000・読解力調査問題より

ACOL社インフルエンザ予防接種のお知らせ(自由接種)

　ご存じのように、冬にはインフルエンザがまたたく間に広がって、それにかかった人が何週間にもわたって体調を崩すことがあります。

　ウイルスに負けない最善の方法は、健康で抵抗力のある身体を維持することです。侵入してくるウイルスを免疫システムで防ぐには、毎日運動することや、野菜と果物をたくさんとることが非常に大切です。

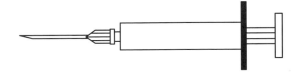

　気づかないうちにウイルスが社内に広がるのを防ぐ第二の方法として、ACOL社は社員のために、インフルエンザの集団予防接種を計画しました。そこで、11月17〜23日の週に勤務時間内の半日をあて、社内で看護婦が予防接種を実施することにしました。社員はだれでも、この予防接種を無料で受けられます。

　接種は自由です。予防接種を希望する社員は、同意書(アレルギー体質でないこと、多少の副作用が出る可能性を了解していることを記したもの)に押印しなければなりません。

　医学的には、予防接種によってインフルエンザにかからなくなるとされています。ただし、だるさや微熱のほか、腕が痛くなるなどの副作用が生じることがあります。

予防接種を受けた方がいい人

　ウイルスへの予防をしたい人ならだれでも。

この予防接種は、とくに65歳以上の人にお勧めします。また、とくに心臓、肺、気管支、糖尿などの虚弱性の慢性病を抱える人には、年齢に関係なく全員にお勧めします。

　職場では、だれもがインフルエンザにかかる可能性があります。

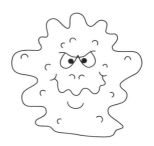

予防接種を受けてはいけない人

　タマゴに対してアレルギーのある人、急性の熱病にかかっている人、妊婦。

　現在薬を飲んでいる人や、過去にインフルエンザの予防接種でアレルギー反応が認められた人は、かかりつけの医師に相談してください。

　11月17〜23日の週に予防接種を希望する社員は、11月7日（金）までに人事部の町田まで連絡してください。日時は、看護婦の手配、希望者数、社員の都合を考慮して決めます。この冬にそなえて予防接種を希望していても、決められた日時に都合がつかない場合は、町田まで連絡してください。不都合な人が多い場合は、別の日時に実施する場合もあります。

　詳しくは、町田（内線5577）までお問合わせください。

健 康 第 一

この通知の内容（何を述べているか）について考えてみましょう。
そのスタイル（内容を伝える方法）について考えてみましょう。
町田さんは、この通知を親しみをこめて誘いかけるスタイルにしたいと考

えました。うまくできていると思いますか。

通知のレイアウト、文体、イラストなどについて詳しく述べながら、そう考えた理由を説明してください。

　この問題は、「レイアウト、文体、イラストなど」を根拠として、この通知が「親しみをこめて誘いかけるスタイル」になっているか、いないか、理由をあげて説明する問題である。いずれの考えでも、根拠と理由がはっきりしていれば正解になる。先の「落書きに関する問題」と同様、根拠となる部分を取り出して、なぜそれがよいのか（よくないのか）、その理由を述べることになる。

【解答例 1】
　私はこの通知がうまくできていると考える。二つのイラストを使いながら、何の通知であるか、パッと見て分かるようになっている。また、最後に「健康第一」とひときわ大きな文字で書かれていて、インフルエンザの対策として予防接種を受けることを「誘いかける」ような通知になっている。さらに、文章や文体の面でも、接種はあくまでも「自由」であると明記していること、「受けた方がいい人」と「受けてはいけない人」をはっきりと分けていることなどから、予防接種が絶対的・強制的なものでないが、できれば受けてほしいと「親しみをこめて誘いかけるスタイル」になっていると考える。

【解答例 2】
　私はこの通知がうまくできていないと考える。まず、すぐに目につくのが大きくで針の太い注射器のイラストである。これを見ただけで注射の嫌いな人は「痛そうだな」と恐怖心を抱いてしまうことが予想される。また、ウィルスのイラストもトゲのある恐ろしい顔つきで描かれていて、見る人に恐怖心を与えるようになっている。これらから、注射に対して「親しみをこめて誘いかけるスタイル」にはなっていないと考える。

例題	**落ち葉は集めて燃やした方がよいか**
3	文部科学省（2005）「読解力向上に関する指導資料」より

　○子さんの学級で環境問題について話し合ったところ、次の論点について意見が対立しました。この論点について A、B どちらかの立場を選び、選んだ理由のうち、あなたが最も重要だと思うことを一つ書きなさい。

　（論点）校庭の植え込みの下のたまっている落ち葉の処理について、集めて燃やした方がよいという意見と、燃やさないでそのままにしておいた方がよいという意見が対立した。

　A：落ち葉は集めて燃やした方がよい。

　B：落ち葉は燃やさないでそのままにしておいた方がよい。

　PISA2003 年調査の結果を受けて、文部科学省が発表した指導資料（「読解力向上に関する指導資料—PISA 調査（読解力）の結果分析と改善の方向—」2005）の中から取り上げた。中学校 3 年・理科の学習課題例である。

　これは、PISA 型読解力（情報を取り出し、解釈し、熟考・評価する力）の育成のための学習課題として例示されているもので、まさに「三角ロジック」を使って説得力のある意見を組み立てることが求められる。

　具体的には、A、B それぞれの主張の根拠と理由を考えることになる。根拠はあくまでも科学的な事実・データを示すことが必要である。そして、それをもとにして賛成の理由を述べることになる。以下の解答例では、それぞれの立場から、土壌改善と大気汚染に関する理由づけが行われている。

【解答例 A】

　A の意見に賛成である。

　落ち葉を集めて燃やすことによって灰になる（根拠）。灰にはカリウムなどのミネラル類が含まれている（根拠）。これを植え込みのところに蒔

PART 3　三角ロジックで論述問題に強くなる

67

くことによって、土壌の成分がよくなり、病害虫の予防や植え込みの生育を促すことになる（理由）。また、落ち葉を燃やすのは有害物質の発生の心配もなく、環境的にも問題がない（理由）。だから、燃やす方がよい。

【解答例B】

　Bの意見に賛成である。

　落ち葉をそのままにしておくと、微生物の働きでだんだん有機物が分解されて、堆肥となる（根拠）。これが植え込みの生育を促すことになる（理由）。また、落ち葉を燃やすのは、煙が出て近所の迷惑になるし、法律で禁止された野焼きを助長することにもつながりかねないので控えた方がよい（理由）。だから、そのままにしておいた方がよい。

例題	気になる日本語
4	平成20年度全国学力・学習状況調査・中学校国語B問題より③の3

　中西さんのレポートを読みながら、南さんと原さんは、「全然」の使い方について次のように話しています。

南	私は、「全然明るい」という言い方をしてもいいと思う。
原	私は、「全然明るい」という言い方はしない方がいいと思う。

　あなたは、南さん、原さんのどちらの考えに賛成しますか。どちらか一人を選び、あなたが選んだ人の名前を、解答用紙に書かれている書き出しの文に書きなさい。その上で、あなたがそのように考える理由を、次の条件1から条件3にしたがって書きなさい。

　条件1　レポートにある国語辞典の記述やグラフの内容を根拠にして書くこと。

　条件2　根拠とした国語辞典の記述やグラフの内容を具体的に挙げて書くこと。

　条件3　「なぜなら、」に続けて、70字以上、100字以内で書くこと。

中西さんのレポートには、以下のように「全然」について説明されている2種類の国語辞典の記述と、「全然明るい」と言うことがあるかどうかに関する世論調査の結果が掲載されている。

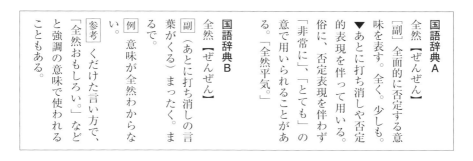

国語辞典A
全然【ぜんぜん】
[副] 全面的に否定する意味を表す。全く。少しも。▼あとに打ち消しや否定的表現を伴って用いる。俗に、否定表現を伴わず「非常に」、「とても」の意で用いられることがある。「全然平気。」

国語辞典B
全然【ぜんぜん】
[副]（あとに打ち消しの言葉がくる）まったく。まるで。
例　意味が全然わからない。
参考　くだけた言い方で、「全然おもしろい。」などと強調の意味で使われることもある。

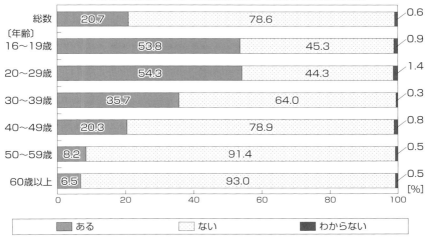

「とても明るい」を「全然明るい」と言うことがあるか

	ある	ない	わからない
総数	20.7	78.6	0.6
〔年齢〕16〜19歳	53.8	45.3	0.9
20〜29歳	54.3	44.3	1.4
30〜39歳	35.7	64.0	0.3
40〜49歳	20.3	78.9	0.8
50〜59歳	8.2	91.4	0.5
60歳以上	6.5	93.0	0.5

（文化庁「平成15年度　国語に関する世論調査」による）

　この問題は、「レポートにある国語辞典の記述やグラフの内容」を「根拠」にして、どちらの考えに賛成するか、その「理由」を書くことを求めている。
　まさに「三角ロジック」を使って、自分の意見を書くという問題である。
　南さんの考えに賛成であれば、その根拠として、二つの国語辞典に「俗」

な表現、「くだけた言い方」として使われるという記述をあげることになる。そして、理由は、「二つの国語辞典に共通して記載されているということは、日本語の表現として認められているということだから、使ってもよい」ということになる。

　原さんの考えに賛成であれば、その根拠として、世論調査のグラフにおけるデータ、すなわち若い世代は半数が「全然明るい」という言い方をするけれども、全体的にみると「全然明るい」と言う人は少ない（20.7％）というデータをあげることになる。そして、理由は、「テレビのように公的な場で不特定多数の人に向けて話すときは、一般に広く使われていない表現は避けるべきだから、使わない方がよい」ということになる。

　しかし、この問題の全国平均正答率は54％と低く、無答率も13％であった。やはり、日本の生徒は、根拠や理由に基づいて自分の意見を述べるという問題が苦手であることがうかがえる。

> 【解答例1】
> 　私は、南さんの考えに賛成します（主張）。なぜなら、どちらの国語辞典にも「全然」のあとに否定的表現を伴う場合と伴わない場合の2種類の使い方が載っているので（根拠）、どちらの使い方をしても良いと思うからです（理由）。
> 【解答例2】
> 　私は、原さんの考えに賛成します（主張）。なぜなら、グラフの総数を見ると、「全然明るい」と言うことがない人が78.6％もいて（根拠）、「全然明るい」はだれもが使う一般的な言い方とは言えないからです（理由）。

　　　　　　　　　　　（解答例は、国立教育政策研究所HPの「正答例」より）

　これらは国立教育政策研究所のホームページに載っている解答例である。いずれも、ちゃんと根拠と理由を分けて書いていることが分かる（カッコ内は筆者が付け加えた）。

例題 5	球技大会のポスター
	2016年度富山県公立高校入試・国語の問題より

　あなたの中学校では、毎年、球技大会を開催しています。今年は地域の方々にも公開することになりました。下のポスターA、Bは、地域の方々に球技大会を案内するためのものです。このどちらかを公民館や公共図書館など公共施設に掲示する予定です。

A
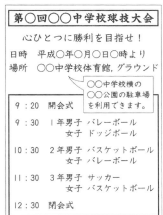

B

　AとBそれぞれの表現の特徴と、どちらを採用する方がよいかについて、あとの【条件】に従って書きなさい。

【条件】
1、二段落構成とし、各段落の内容は次の2、3のとおりとする。
2、第一段落は、AとBそれぞれの表現の特徴について、気付いたことを書く。
3、第二段落は、どちらを採用する方がよいか、あなたの意見とその理由を書く。ただし、理由は、第一段落で挙げた特徴を踏まえて書くこと。
4、原稿用紙の使い方に従い、180字以上、220字以内で書く。

この問題は、「条件2」でA、Bそれぞれの「表現の特徴」をあげること、「条件3」でそれを踏まえてどちらがよいかの理由を述べることを求めている。「表現の特徴」とは「～という表現が使われている」ということであるから、「根拠」となる言葉やイラスト、レイアウトなどをあげればよいことになる。まさに「三角ロジック」そのものである。

【解答例A】
　Aのポスターには、各学年の競技種目と開始時間が書かれている。また、駐車場の案内も書かれている。Bのポスターには、大会のスローガンが大きく書かれ、サッカーをする選手と応援する家族のイラストが描かれている。
　私はAのポスターを採用する方がよいと考える。なぜなら、先にあげた表現の特徴から、家族や地域の人たちがどの学年のどの競技を見るか判断しやすく、また駐車場の心配をしなくてもよいので、多くの人たちが参加しやすいからである。（208字）
【解答例B】
　Aのポスターには、学年ごとの競技とその開始時間が書かれている。また、駐車場の案内も書かれている。Bのポスターには、大会のスローガンが大きく書かれ、サッカーをする選手と応援する家族のイラストが描かれている。
　私はBのポスターを採用する方がよいと考える。なぜなら、先にあげた表現の特徴から、「心ひとつに」というスローガンのもと、選手と応援する家族の一体感が一目で伝わってきて、家族そろって見に行きたいと思わせるようなポスターになっているからである。（218字）

例題	**選挙啓発のポスター**
6	2016 年度福岡県公立高校入試・国語の問題より

　太郎さんと花子さんは、国語の授業で、批評する文章を書く学習をしている。次は、【授業中の一場面】、【選挙に関する資料】、「選挙啓発のポスター】である。これらを読んで、条件1から条件4に従い、作文せよ。

【授業中の一場面】
先生　皆さんは、効果的なポスターとはどのようなものだと思いますか。
太郎　目的や相手を意識して描かれたポスターだと思います。
花子　私は、表現の仕方に様々な工夫がなされているものだと思います。
先生　そうですね。二人とも、とても大切なことを述べてくれました。この【選挙に関する資料】を見てください。これは3年ごとに行われる参議院議員通常選挙に関する資料です。この資料をもとに、【選挙啓発のポスター】が描かれました。
　　　さて、【選挙に関する資料】からは、選挙における投票について、様々な問題が読み取れますね。そのような課題の解決を図る上で、あなたなら、【選挙啓発のポスター】のAとBのうち、どちらがより効果的だと考えますか。

【条件】
条件1　文章は二段落構成とすること。
条件2　第一段落には、【選挙に関する資料】を見て、選挙における投票について課題として挙げられることを書くこと。
条件3　第二段落には、第一段落で挙げた課題の解決を図る上で、あなたなら、【選挙啓発のポスター】のAとBの二枚のうち、どちらがより効果的だと考えるか（どちらのポスターを選んでもかまいません）、あなたの考えを理由とともに書くこと。
条件4　200字以上、240字以内で書くこと。

PART 3　三角ロジックで論述問題に強くなる

【選挙に関する資料】

参議院議員通常選挙における年代別投票率（抽出）の推移

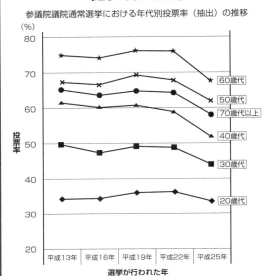

（総務省「国政選挙の年代別投票率の推移について」から作成）

【選挙啓発のポスター】

A

B

　この問題は、「選挙に関する資料」に示された年代別の投票率の推移についてのデータ（根拠）と「選挙啓発のポスター」AとBに描かれている事実（根拠）をもとに理由づけをして、AとBのどちらがより効果的かを説明する

ことを求めている。

　実際は、グラフのどこに着目するか、どのデータを根拠として取り出すかによって、ポスターの選び方が大きく分かれてくる。平成13年から平成25年にかけてどの世代も全体的に投票率が低下していることに着目すると、老若男女、さまざまな年代の人たちが描かれているAのポスターがよいということになる。また、グラフ全体を見て、20歳代の投票率が大変に低い（30%台）ということに着目すると、若い女性が投票する姿が大きく描かれているBのポスターがよいということになる。

【解答例A】
　「選挙に関する資料」を見ると、平成25年は平成13年と比べて、どの年代も投票率が低下していることが分かる。だから、選挙における投票について課題としてあげられることは、全ての世代の投票率をどう上げるかである。
　私は、その解決のためには、Aのポスターがより効果的だと考える。なぜなら、このポスターはお年寄から子どもまでさまざまな年代の人が投票箱の方を見ていて、虹を背景に「届けよう、この思い」と書いてあるので、みんな投票に行って明るい社会をつくろうというメッセージが伝わると思うからである。

【解答例B】
　「選挙に関する資料」を見ると、平成13年から平成25年まで20歳代の投票率が30%台と、他の年代よりも極端に低い。だから、選挙における投票について課題としてあげられることは、20歳代の投票率をどう上げるかである。
　私は、その解決のためには、Bのポスターがより効果的だと考える。なぜなら、このポスターでは、若い女性が投票していて、そこに「選挙に行こう!!」と大きな文字で書いてあるので、特に若い人たちに投票に行ってほしいというメッセージがはっきりと伝わると思うからである。

3 資料を読み取って書く

例題 7	平均値と最頻値の違いを説明する

平成28年度 全国学力・学習状況調査・中学校数学B 問題より⑤の(1)

あるボウリング場では、貸し出し用の靴をすべて新しいものに買い替えようとしています。そのために、貸し出し用の靴の総数や、過去1か月間に靴が貸し出された回数について調べました。

調べたこと

○ 貸し出し用の靴の総数　200足
○ 貸し出された回数の合計　7260回
○ 貸し出された靴のサイズの平均値　24.5cm
○ 靴のサイズごとの貸し出された回数のグラフ

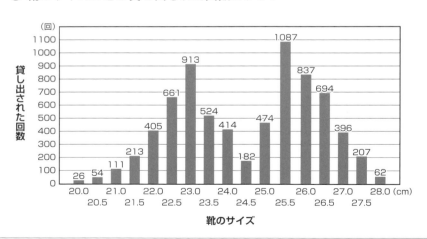

上のグラフから、例えば、23.5㎝の靴は524回貸し出されたことがわかります。

調べたことをもとに、どのサイズの靴を何足買うかを考えます。

「貸し出された靴のサイズの平均値である24.5㎝の靴を最も多く買う」という考えは適切ではありません。その理由を、調べたことのグラフの特徴をもとに説明しなさい。

この問題は、「貸し出された靴のサイズの平均値である24.5cmの靴を最も多く買う」という主張がなぜ間違っているか、その理由をグラフを根拠にして説明するという問題である。

グラフからは、24.5cmの靴は182回貸し出されているが、これは全貸し出し回数7260回のうちの約2.5%にすぎないことが分かる。最も多く貸し出されたのは25.5㎝の1087回、その次は23㎝の913回である。（根拠）

以上のデータから、貸し出された靴のサイズの平均値である24.5㎝の靴は、最も多く貸し出された靴のサイズではないことが分かる。貸し出された靴のサイズの平均値は最頻値ではないのである。おそらく、グラフの形から、男性の場合は25.5㎝の靴が最も多く貸し出され、女性の場合は23㎝の靴が最も多く貸し出されていると考えられる。（理由）

【解答例】

グラフを見ると、24.5㎝の靴は182回貸し出されているが、これは全貸し出し回数7260回のうちの約2.5%にすぎない。最も多く貸し出されたのは25.5㎝の1087回、その次は23㎝の913回である。

以上のデータから、貸し出された靴のサイズの平均値である24.5㎝の靴は、最も多く貸し出された靴のサイズではないことが分かる。

したがって、「貸し出された靴のサイズの平均値である24.5㎝の靴を最も多く買う」という考えは適切ではない。

PART 3　三角ロジックで論述問題に強くなる

| 例題 | 自動車の速度と停止距離の関係を説明する |
| 8 | 2016年度 広島県公立高校入試・数学の問題より（一部改変）|

　家族でのドライブをきっかけに、健太さんは、自動車の速度と必要な車間距離（前の車が急に止まっても追突しないで停止できる距離）について調べてみた。以下は、その調査結果に基づく出題である。

【自動車の速度と自動車が停止するまでの距離との関係】

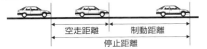

空走距離…自動車を運転していて運転者が危険を感じてからブレーキを踏み、ブレーキが実際にきき始めるまでの間に自動車が進む距離
　　　　・時速$x$kmのときの空走距離をymとすると、yはxに比例する。
制動距離…ブレーキがきき始めてから自動車が停止するまでの距離
　　　　・時速$x$kmのときの制動距離をymとすると、yはxの2乗に比例する。
停止距離…空走距離と制動距離の和（危険を感じてから自動車が停止するまでの距離）

　健太さんは、さらに、空走距離と制動距離について調べ、次の表と図を見付けました。表は、自動車の速度と空走距離との関係を表したものです。図は、自動車の速度と制動距離との関係をグラフで表したもので、x軸に自動車の速度を、y軸に制動距離をとっています。健太さんは、この表と図と【自動車の速度と自動車が停止するまでの関

速度(km/h)	20	40	60	80
空走距離(m)	6	12	18	24

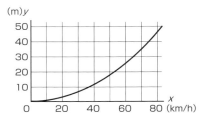

係】から、自動車が時速50kmで走っているとき車間距離が40mあれば、前を走っている自動車が急に止まったとしてもその自動車に追突することなく停止することができると判断しました。そのように判断できるのはなぜですか。その理由を説明しなさい。

　この問題は、空走距離、制動距離、停止距離の意味を理解して、時速50kmの場合の空走距離のデータと制動距離のデータを表と図（グラフ）から根拠として取り出すことが求められている。その上で、それが40mよりも大きいか小さいかを判断して、理由づけをすればよい。

【解答例】
　空走距離は自動車の速度に比例するので、表より、時速50kmのときは空走距離は15mである。また、図より、時速50kmのときの制動距離は20m未満である。ということは、時速50kmのときの停止距離は35m未満となり、40mよりも短くなる。だから、追突することなく停車できると判断できる。

| 例題 9 | **4月はなぜ短い周期で天気が変わるのか**
2016年度 山梨県公立高校入試・理科の問題より（一部改変） |

　さくらさんは、1年を通じての日本の天気について興味をもち、その特徴がよく表れている天気図を集めた。図1は1月、図2は4月、図3は8月のある日の天気図である。

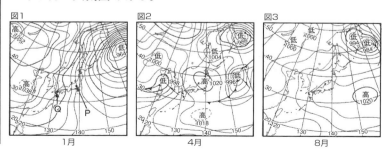

4月は、晴れの日とくもりや雨の日が4～6日くらいの短い周期で変わることが多い。図2の天気図を参考にして、短い周期で天気が変わる理由を、簡単に書きなさい。

　この問題は、4月が短い周期で天気が変わることの根拠を天気図2から見つけることがまず必要である。1月と8月の天気図と比べて、すぐ分かるのは、安定した高気圧（1月は大陸高気圧、8月は太平洋高気圧）がなくて、低気圧と低気圧の間にはさまれた形になっていることである。つまり、移動性の高気圧だということである。

　こうした事実をもとに、それがなぜ短い周期で天気が変わることになるのか、その理由を説明すればよい。

【解答例】
　天気図2を見ると、日本付近の高気圧が低気圧と低気圧の間にはさまれたような形になっている。このことから低気圧が去った後で高気圧が移動してきて、またすぐに低気圧が近づいてくるということが分かる。だから、短い周期で天気が変わることになるのである。

例題 10	**工場分布の理由を考える**
	2016年度 茨城県公立高校入試・社会の問題より

　次のア～ウは、太平洋ベルトを中心にした2013年の石油化学、自動車、半導体のいずれかの、おもな工場の分布を表したものである。おもな石油化学工場の分布を表したものを、ア～ウの中から一つ選び、その記号を選んだ理由について、「原料の輸入」の語を用いて書きなさい。

80

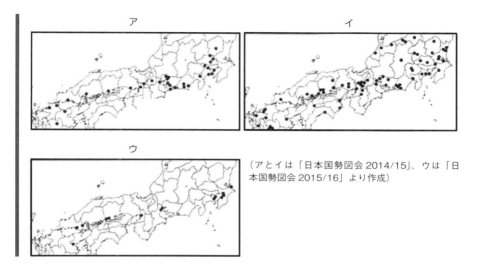

（アとイは「日本国勢図会 2014/15」、ウは「日本国勢図会 2015/16」より作成）

　石油化学工場の分布を表したものはウである。ウは、すべての工場が港湾部に立地している。一方、アとイは内陸部にも工場が立地している（根拠）。どうして、その事実からウが石油化学工場だと言えるのかというと、日本は原油を輸入に依存しているので、タンカーの着く港の近くの方が便利だからである（理由）。

【解答例】
　石油化学工場の分布を表したものはウである。ウを見ると、工場がすべて港湾部に作られている。これは原料の輸入に適しているからである。つまり、原油を積んだタンカーが入ってくる港湾部に工場があると、原油を運ぶコストが少なくてすむのである。

| 例題 11 | **森林面積や農地面積の変化と人口増加率との関係を説明する**　2016年度 東京都公立高校入試・社会の問題より（一部改変） |

Ⅰのグラフは、世界各州の2000年と2010年を比較した森林面積及び農地面積の変化を示したものである。Ⅱの表は、世界各州の2000年に対する2010年の人口増加率を示したものである。Ⅲの文章は、世界のいずれかの州の歴史的背景と自然環境などについてまとめたものである。ⅠとⅡの資料を活用し、Ⅲの文章で述べている州における森林面積及び農地面積の変化の様子とその理由について、簡単に述べよ。

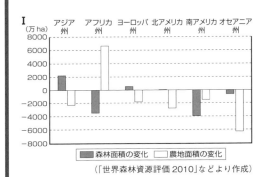

Ⅰ（「世界森林資源評価2010」などより作成）

Ⅱ
	人口増加率(%)
アジア州	12.1
アフリカ州	27.6
ヨーロッパ州	1.4
北アメリカ州	11.4
南アメリカ州	13.2
オセアニア州	19.4

（総務省の資料より作成）

Ⅲ
○ 20世紀初めまでに、一部の地域を除き植民地として分割されたが、20世紀半ば以降に多くの国々が独立した。
○ 北部には世界最大の砂漠が広がり、北東部には世界最長の河川が流れている。
○ 金、銅、ダイヤモンドなどの鉱産資源が豊富に分布している。

　この問題で問われているのは、アフリカ州の森林面積・農地面積の変化と人口増加率との関係である。ⅠとⅡの資料（データ）を根拠として、その理由を述べることが求められている。
　2000～2010年の10年間で、アフリカ州の農地面積は6000万ヘクタール以上増えたが、森林面積は4000万ヘクタール近く減っている。人口増加率が27.6%に達していることから、食糧供給のために森林を伐採して、農地が増えたことが分かる。

82

【解答例】
　アフリカ州は、森林面積が減少する一方で、農地面積が増加している。これは人口の増加にともない、食糧を確保するために、森林を伐採して畑を作っているからである。

例題 12	自然エネルギーによる発電が求められるのはなぜか
	2016年度 三重県公立高校入試・社会の問題より（一部改変）

　かなこさんは、地球温暖化について、いくつかの資料を集めた。次の資料1は地球温暖化の仕組みを示したものの一部、資料2は温室効果ガスの総排出量に占める二酸化炭素の割合を示したものである。また、資料3は、日本における、石炭、石油、天然ガスといった、化石燃料による火力発電と、太陽光、風力、地熱といった、自然の力を利用したエネルギーによる発電における、発電量1kWhあたりの二酸化炭素の排出量を示したものである。日本において、地球温暖化の解決策として、自然の力を利用したエネルギーによる発電方法の開発を進めることに期待が高まっているのはなぜか、その理由の1つとして考えられることを、資料1、資料2、資料3から読み取れることに触れて、書きなさい。

資料1

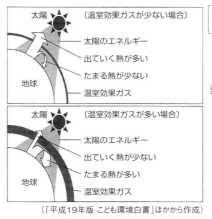

（「平成19年版 こども環境白書」ほかから作成）

資料2

二酸化炭素 76%	その他 24%

［注：数総排出量は490億t。数値は2010年のもの。］
（気象庁Webページほかから作成）

資料3

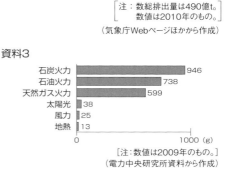

［注：数値は2009年のもの。］
（電力中央研究所資料から作成）

３つの資料から読み取れることを根拠として、自然の力を利用した発電方法に期待が高まっているのはなぜか、その理由を述べる問題である。

　３つの資料を関連づけて、そこに示された事実・データから、自然の力を利用した発電方法は温室効果ガスの中心である二酸化炭素の排出量が少なくなるということを述べればよい。

【解答例】
　資料１から、二酸化炭素のような温室効果ガスが少ないと「たまる熱が少ない」ことが分かる。資料２から、温室効果ガスの排出量に占める二酸化炭素の割合が76％もあることが分かる。資料３から、太陽光、風力、地熱といった自然の力を利用した発電方法は二酸化炭素の排出量がきわめて少ないことが分かる。以上のデータから、自然の力を利用したエネルギーによる発電方法は温室効果ガスの排出を減らし、地球温暖化を防止することができると考えられるので、その開発を進めることが期待されているのである。

例題	**若い世代の意見が政治に反映されにくいのはなぜか**
13	2016 年度 熊本県公立高校入試・社会の問題より（一部改変）

　図１は、2014 年におけるわが国の年代別人口を示したものであり、図２は、2009 年以降の３回の衆議院議員総選挙における年代別投票率の推移を示したものである。20 歳代の若い世代の意見が政治に反映されにくいと考えられる理由を、図１と図２にもとづいて書きなさい。

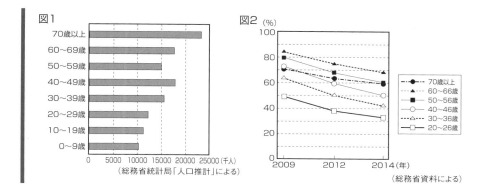

　この問題は、2つの図を見て、若い世代の人たちの意見が政治に反映されにくい理由を考えさせる問題である。

　図1で、20歳代の人口が他の有権者の世代よりも少ないこと（70歳代の約半数）、図2で20歳代の投票率が他の世代より低いこと（60歳代の半数以下）を根拠としてあげることが必要である。

【解答例】
　図1から、20歳代の人口が全有権者の世代の中で最も少ないことが分かる。また、図2から、20歳代の投票率が全有権者の世代の中で最も低いことが分かる。したがって、20歳代の人口がもともと少ない上に、投票に行く人も少ないことになるので、20歳代の若い世代の意見が政治に反映されにくくなるのである。

例題 14	**景観保護について考える**
	独立行政法人大学入試センター「大学入学共通テスト」記述式問題のモデル問題例（平成29年5月）より

　かおるさんの家は、【資料A】の「城見市街並み保存地区」に面している、伝統的な外観を保った建物である。城見市が作成した景観保護に関する【資料B】「城見市『街並み保存地区』景観保護ガイドラインのあらまし」と、かおるさんの父と姉の会話を読み、後の問いに答えよ。

【資料A】

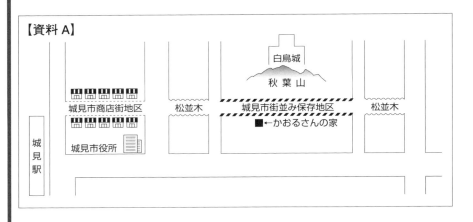

【資料B】

城見市「街並み保存地区」景観保護ガイドラインのあらまし

ガイドラインの基本的な考え方

　城見市「町並み保存地区」一帯は、市名の由来にもなっている秋葉山山頂に築かれた白鳥城下を通る、旧街道の伝統的な道路遺構と街並みからなります。その街並みと自然とが呼応し、そこに集まる人々によって文化と共に育まれてきたところにその特徴があります。

　私達は、「街並み保存地区」に限らず、城見市が育んできた歴史、文化の特質を尊重し、優れた自然と景観に対して十分配慮するとともに、こ

の自然と景観を維持、保全、育成しなければなりません。そのためには、住民、企業、行政など、全ての人々が城見市の景観に対するさらなる意識の向上を図り、貴重な財産であることを深く認識し、この美しい景観を将来の世代に引き継ぐ責務を負っているのです。

景観保護の目標

ア　市役所周辺から商店街区にかけてのにぎわいを連続させるとともに、都市の顔として風格のある空間づくりを進めます。

イ　秋葉山の眺望や松並木などの景観資源を活用し、親しみがあり愛着と魅力を感じる街並みを形成していきます。

ウ　広域からの外来者のある、観光や伝統行事などの拠点にふさわしい景観づくりを進めます。

景観保護の方針

・松並木及び「街並み保存地区」の植栽を保全し、街並みや秋葉山の景観との調和を図ります。

・建築物の壁面、広告物や看板の色彩については、原色などの目立つものを避け、伝統的建築物との調和を図ります。

・個人住宅を含めて、建物外面の色調を落ち着いたものとし、壁面の位置や軒高をそろえます。

・一般及び観光客用の駐車場や街路のごみ箱、ごみ収集時のごみ置き場は目立たないように工夫します。

・「街並み保存地区」は自動車の出入りを制限し、ゆとりある歩行空間を確保します。

・議会等との協議を通して、景観を保護するために必要な予算があれば、その計上を検討していきます。

（図版は省略）

姉「（住民対象の説明会から帰ってきた父に）お疲れさま……説明会、ど
　うだった？」

父「ああ、これ、資料だよ。（【資料B】を姉に渡す）……最近、うちの
　周りもそうだけど、空き家が多くなってきたよね。この間も、少し向
　こうの空き家の裏口のカギが壊されたりしたそうだけど、このままだ
　と治安の面が不安だ。それが取り壊されても、その跡地に『街並み保
　存地区』っていう名前にふさわしくない建物が建てられてしまうかも
　しれない。地元の企業がまちづくりの提案をしているという話も出て
　いるしね。そこで市としては、ここでガイドラインを示して景観を守
　ることで、この一帯を観光資源にしていきたいという計画らしいね。
　つまり、一石二鳥を狙った訳さ。」

姉「なるほどね。それで、うちの周りはどうなるの？」

父「うちの前の道路、『ゆとりある歩行空間を確保』っていう話だったか
　ら、電柱を移動させるか、電線を埋設するかになるんだろうけど、狭
　いままだってことには変わりないな。」

姉「我が家の外壁を塗り直そうかって時は、その費用は市が負担してく
　れるの？」

父「多分、それはないんじゃないか。市の予算は、公共の環境整備に使
　うだろう。」

姉「あれ、そうなの？……ところでお父さんは、このガイドラインの導
　入について、どう思ってるの？」

父「私は反対だよ。住民の負担が大きすぎるね。外壁の塗装も建物の改
　築も、すべて周辺の景観に配慮した上で、適切な対応を自己負担で考
　えなければいけない。これじゃあ、引っ越した方が気が楽だ。かえっ
　て空き家を増やすだけだと思うよ。」

姉「でも、今のままだと、ここはどんどん衰退していくだけだよね？
　住民がいなくなると、この街の文化や歴史の一部が途絶えてしまうよ
　ね。この辺って、道路も狭いし、家も古いけど、この街並み、私は結
　構好きだな。だから、マイナスだと思っていることでも、逆にこの街

の魅力にしたら、観光客にPRすることもできるんじゃないかな。街並みを整備して、地域の魅力づくりに成功したら、ここから出て行く人が少なくなって、空き家も減るよ。 そうしたら、この街は守られるよね。」

父「それは希望的な推測だし、感情論に過ぎないね。実際問題として、ガイドラインの通り、古い街並みを残すとしたら、家を改築する時に、デザイン料にせよ材料費にせよ、通常以上の自己負担が必要になる。これじゃ、地域住民の同意は得られないよ。」

姉「私は、ある程度の住民の自己負担は必要だと思う。こういう地域づくりって、行政に任せっぱなしにしたままで、私たち地域住民は受け身でいていいのかな。それに、ガイドラインには広告や看板の色彩のことも書いてあるけど、これからは、自然環境も含めて、そうした住環境も大事にしないといけないと思うの。確かに色々と制約があるし、お金もかかるけど、『地域を守り、地域の魅力を作っていくのは、他でもない私たち自身なんだ』っていう意識を持って、私たちの生まれ育ったこの街を守っていくためには、ある程度の自己負担も必要だよ。」

父「私も、すべて行政に任せちゃえばいいとは思ってないよ。だけど、個人の家や庭に手を入れることは、本質的にその人の自由意志だし、住民の利便性を考えた道路整備は間違いなく行政の仕事だ。ところがガイドラインに従うと、古い家を思うように直すこともできないし、狭い道もそのまま使うっていう不自由を、住民に強いることになる。現実的に発生する問題から目をそらして、感情論で地域づくりを語っても、そんなものは絵に描いた餅に過ぎないよ。」

姉「じゃあ、このまま何もしなくていいの？ 街がさびれていく様子を、ただ黙って見てろってこと？」

問 父と姉の会話を聞いて、改めてガイドラインを読んだかおるさんは、姉に賛成する立場で姉の意見を補うことにした。かおるさんはどのような意見を述べたと考えられるか、次の条件に従って述べよ（ただし、句読点を含む）。

条件1　全体を2文でまとめ、合計80字以上、120字以内で述べること。なお、会話体にしなくてよい。

条件2　1文目に、「ガイドラインの基本的な考え方」と、姉の意見が一致している点を簡潔に示すこと。

条件3　2文目に、「経済的負担」を軽減する方法について述べること。

条件4　条件2・条件3について、それぞれの根拠となる記述を【資料B】「城見市『街並み保存地区』景観保護ガイドラインのあらまし」から引用し、その部分を「」で示すこと。なお、文中では「ガイドライン」と省略してよい。

　この問題の「出題のねらい」には、次のように書かれている。

　テクストの内容を読み取った上で、異なる主張を支える根拠となる情報を抽出したり、複数の情報を統合したりして考えをまとめて説明する問題である。具体的には、父と姉の会話の内容から姉の主張を理解した上で、姉に賛成する立場で景観保護に関する広報のための資料の内容を根拠として考えを説明することができる力を問う問題である。

　つまり、姉に賛成するという主張をするために、それを支える根拠（＋理由）をあげて説明することが求められている。最低限必要になるのは、資料Bの「ガイドラインの基本的な考え方」「景観保護の目標」「景観保護の方針」の中から、姉の考えと共通する部分を引用することである。その上で、必要に応じて賛成の理由を述べればよい。

【解答例】
　姉の意見は、「全ての人々」が「意識の向上」を図り、「景観を将来の世代に引き継ぐ」というガイドラインの考え方と一致している。また、方針に「景観を保護するために必要な予算があれば、その計上を検討」するとあるので、補助が受けられる可能性がある。（119字）

（解答例は、大学入試センターHPより）

4 三角ロジックで論述トレーニング

　第2節と第3節では、さまざまな学力調査問題や入試問題から、三角ロジックを活用することによって解答できる論述問題を紹介した。

　第4節では、これまでに紹介してきた学力調査問題の要素を取り入れたオリジナル問題による論述トレーニングに取り組んでいただきたい。

　練習1は、学年で行うレクリエーション種目を話し合うという身近な状況設定で、根拠と理由に基づいて種目を提案するという問題である。

　練習2は、日本の人口推移を示す2つのグラフをもとにして、今後の日本の社会が直面するであろう問題を論じる問題である。

　練習3は、ここまでの学力調査問題では取り上げることができなかった英語の論述問題である。近年の高校入試問題でも多く採用されている、Eメールの返信を書くという状況設定の問題とした。

　いずれも、なるべく身近な状況や重要な問題を扱う設問を工夫したつもりである。教科学習の枠組みを超えて、子どもたちが論理的な思考や論理的な表現を日常生活においても発揮し、よりよい生活を送っていくために、「三角ロジック」を使いこなせるようになっていただきたい。

　なお、それぞれの練習問題の解答例は、本節の末尾にまとめて示してある。まず自分で解答してみたうえで参考にしてもらいたい。

練習	**立場を決めて書く**
1	**レクリエーションの種目は何がよいか**

問題

　ななこさんの中学校では、学期末にクラス対抗の学年レクリエーションを行うことになりました。ななこさんは、企画係のメンバーとして、レクリエーションの種目を決める話し合いに参加しています。

　以下は、話し合いの一場面です。これを読んで、あとの条件に従い、ななこさんの発言の　　　部分を書きなさい。

【話し合いの一場面】

あやか：私は、ドッジボール大会がいいと思う。ドッジボールのルールはみんな知っているよね。レクリエーションだから、全員が気軽に参加できるものの方がいいよ。

みなみ：私は、ミニ運動会がいいと思う。種目が複数あったほうが、みんな楽しめるんじゃないかな。

ななこ：

【条件】

1　あやかさん、またはみなみさんのどちらかの意見を補強する立場でもよいし、新たに別の種目を提案してもよい。

2　話し合いは「話し言葉」だが、解答は「書き言葉」で書くこと。

3　80字以上、120字以内で書くこと。

【解答欄】

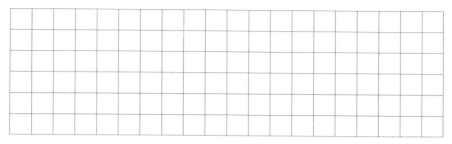

練習 2	資料を読み取って書く
	人口減少日本の問題点は

問題

資料1および資料2をもとに、あとの条件に従って、今後の日本社会の問題点について論じなさい。

【資料1　日本の総人口の推移】

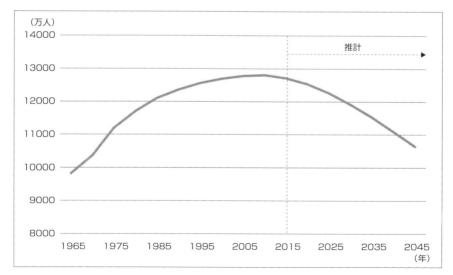

【資料2　年齢区分別人口割合の推移】

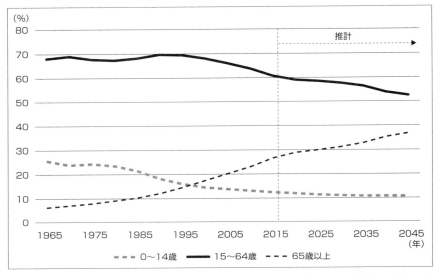

出典：いずれのグラフも、国立社会保障・人口問題研究所「日本の将来人口推計（平成29年推計）」をもとに作成

【条件】

1　2段落構成とし、それぞれの段落の内容は次の2、3のとおりとする。
2　第一段落には、資料から読み取ったことを書くこと。
3　第二段落には、資料から読み取ったことから導かれる問題点とその理由を書くこと。
4　原稿用紙の使い方に従い、120字以上、160字以内で書くこと。

【解答欄】

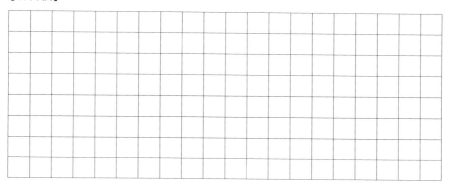

練習 3	おすすめの場所を英語で紹介する 外国の友達からのEメールに返信する

問題

進さんは、アメリカへの短期留学中に現地で仲良くなったアメリカ人のフランクリンさんから、次のようなEメールを受け取りました。進さんになったつもりで、返信メールの　　　の内容を、あとの条件に従って書きなさい。

【条件】

1　おすすめの場所について、あなたの意見とその理由を書くこと。
2　30語以上の英語で書くこと。ただし、符号（. , ? ! など）は語数に含めない。

【フランクリンさんから進さんに届いた E メール】

Dear Susumu,

How is everything going? I really have enjoyed spending time with you.
By the way, I'm going to visit Japan next month with my family.
I would like you to tell me a nice place to visit.
I hope to see you soon!

Your friend,
Franklin

【進さんからフランクリンさんへの返信メール】

Dear Franklin,

Thank you for your e-mail. I hope you are doing well.

I look forward to seeing you and your family in Japan.

Your friend,
Susumu

【解答欄】

解答例と解説

練習1 立場を決めて書く

【問題の解説】

　あやかさん（ドッジボール）もみなみさん（ミニ運動会）も、理由として「全員が参加できる、全員が楽しめる」点をあげている。したがって、どちらの案に賛成するにしても、その理由をさらに補強する別の根拠をあげることができればよいだろう。また、別の理由とそれを支える根拠をもち出すのもよい。こうした議論の際には、相手の主張の根拠と理由のつながりに疑問を投げかけるのも効果的である。

【解答例1】

私は、ドッジボール大会の案に賛成である。なぜなら、ボールを用意すればよいだけなので、準備が楽だからである。また、グラウンドでも体育館でもどちらでもできるので、天候に左右されないからドッジボールのほうがよい。（103字）

【解答例2】（別の提案をする例）

私は、長縄とドッジボールの2種目にするのがよいと思う。どちらの種目もルールがシンプルで、みんなが参加できる。また、種目を選べるので、どちらか好きな方に参加できる。ミニ運動会のように、あまり種目が多くなりすぎると準備が大変である。（114字）

練習2 資料を読み取って書く

【問題の解説】

資料1からは、今後の予測として、日本の総人口が減り続けていく様子が読み取れる。また資料2からは、全体に占める64歳以下の人口割合が減り続けていく一方で、65歳以上の割合は増え続けていく様子が読み取れる。

このことを根拠として、政治、経済、社会などにどのような影響が出ると考えられるか、社会科の学習などで得た知識なども用いて論じればよい。

【解答例1】

資料1から、日本の総人口は今後、減り続けていくと予測されることが分かる。また、資料2からは、総人口に占める15～64歳世代の割合が減り続けていく様子が見て取れる。

生産と消費の主体である生産年齢人口が減少していくため、日本経済全体の縮小が進行していくと考えられる。（129字）

【解答例 2】

　資料 1 から、日本の総人口は今後、減り続けていくことが分かる。また、資料 2 からは、総人口に占める 64 歳以下の世代の割合が減り続ける一方で、65 歳以上の割合が増え続けていくことが読み取れる。

　高齢者が増加し社会保障関係の国家支出が増加し、それを負担する世代の人口は減っていくため、国の社会保障制度の維持が困難になると考えられる。（159 字）

練習3 おすすめの場所を英語で紹介する

【問題の解説】

　友人のフランクリンさんに、日本のおすすめの場所を伝えるメールを書くという問題である。なぜその場所がよいのか、根拠となる事実をあげながら、その理由を述べるとよいだろう。

【解答例】

　I recommend Mt. Fuji. It is the highest mountain in Japan. The top covered with snow is so beautiful. And, as you can go there about 2 hours by car from Tokyo, it is easily accessible. （35 語）

【日本語訳】

　私は富士山をおすすめします。日本で一番高い山で、頂上が雪をかぶった姿はとても美しいからです。また、東京から車で 2 時間くらいで行けて、とても交通の便がいいからです。

PART 3　三角ロジックで論述問題に強くなる

■参考・引用文献一覧

・井上尚美『思考力育成への方略〈増補新版〉』2007年、明治図書
・宇佐見寛『論理的思考をどう育てるか』2003年、明治図書
・内田伸子・河野順子・鹿毛雅治・熊本大学教育学部附属小学校『「対話」で広がる子どもの学び―授業で論理力を育てる試み―』2012年、明治図書
・『2017年受験用全国高校入試問題正解』2016年、旺文社
・国立教育政策研究所編『生きるための知識と技能 OECD生徒の学習到達度調査（PISA）2000年調査国際結果報告書』2002年、ぎょうせい
・国立教育政策研究所編『生きるための知識と技能2 OECD生徒の学習到達度調査（PISA）2003年調査国際結果報告書』2004年、ぎょうせい
・国立教育政策研究所編『生きるための知識と技能3 OECD生徒の学習到達度調査（PISA）2006年調査国際結果報告書』2007年、ぎょうせい
・河野順子・熊本大学教育学部附属小学校編『言語活動を支える論理的思考力・表現力の育成―各教科の言語活動に「根拠」「理由づけ」「主張」の三点セットを用いた学習指導の提案―』2013年、溪水社
・佐藤佐敏『思考力を高める授業―作品を解釈するメカニズム―』2013年、三省堂
・高垣マユミ『認知的／社会的文脈を統合した学習環境のデザイン』2009年、風間書房
・鶴田清司『対話・批評・活用の力を育てる国語の授業―PISA型読解力を超えて―』2010年、明治図書
・鶴田清司・河野順子編『論理的な思考力・表現力を育てる言語活動のデザイン 中学校編』2014年、明治図書
・トゥルミン／戸田山和久・福澤一吉訳『議論の技法』2011年、東京図書
・沼津市教育委員会編『みんなとつなぐ 言語科 副読本 小学3・4年』2009年
・文部科学省「読解力向上に関する指導資料―PISA調査（読解力）の結果分析と改善の方向―」2005年、文部科学省

あとがき

　本書の執筆中に、小・中学校の新しい学習指導要領（平成29年版）が告示された。当初は「アクティブ・ラーニング」という言葉が盛り込まれると言われていたが、最終的には「主体的・対話的で深い学び」という言葉に落ち着いた。

　本書の中でも触れたように、そうした学びが成立するためには、児童・生徒の発言や話し合いが多い、見かけが活発であるというだけでは不十分である。むしろ、一人ひとりの頭の中がアクティブになっていること、思考が活性化していることが大切である。そのためには、論理的に考えること、言い換えると、具体的に考えること、批判的に考えることが不可欠である。

　「三角ロジック」（根拠・理由・主張の３点セット）は、そのための有力な思考ツールである。もちろん万能というわけではない。他にも有効な思考ツールはたくさんある。しかし、日常的な思考や議論の力を鍛えるためにはきわめて汎用性の高い方法である。実際、本書のPART3で見てきたように、各種の学力調査、入学試験問題でも広く出題されている。大学生や社会人になっても、必ず求められる能力（コンピテンシー）である。国際化・情報化が進み、さまざまな人たちとコミュニケーションを図る機会が増えてくると、自分の意見を誰にも分かりやすく伝えることができるかどうかはますます重要になってくる。新しい教育課程では、小学校の英語が正式な教科としてスタートするが、一方では、小学校のうちから論理的思考・表現の方法もきちんと学ぶべきである。

　本書を読んで、「三角ロジック」の有効性を実感し、いろいろな場面で活用していただけると幸いである。その際、単に使うというだけでなく、根拠となる資料（事実・データ）は十分か、その意味を解釈して主張につなげる

101

理由づけは合理的かつ具体的かといったことを絶えず意識すると、「三角ロジック」のスキルアップになっていくだろう。最終的には、主張・根拠・理由に、裏づけ・限定・反証を加えたトゥルミン・モデル、ひいてはそれを超えるような論理の達人をめざしてほしいと思う。

　最後になりましたが、図書文化の大木修平氏には、本書の企画から、資料の提供にいたるまで、大変にお世話になりました。厚く感謝申し上げます。

　2017 年 9 月

鶴田　清司

■著者紹介

鶴田 清司（つるだ せいじ）

都留文科大学教授（教育学博士）。全国大学国語教育学会常任理事（前理事長）、日本教育方法学会理事、日本国語教育学会理事、日本言語技術教育学会理事。

〔最近の主な著書〕

・『なぜ日本人は「ごんぎつね」に惹かれるのか―小学校国語教科書の長寿作品を読み返す―』2005年、明拓出版
・『国語科教師の専門的力量の形成―授業の質を高めるために―』2007年、渓水社
・『「読解力」を高める国語科授業の改革―PISA型読解力を中心に―』2008年、明治図書
・『〈解釈〉と〈分析〉の統合をめざす文学教育―新しい解釈学理論を手がかりに―』2010年、学文社
・『対話・批評・活用の力を育てる国語の授業―PISA型読解力を超えて―』2010年、明治図書
・『論理的思考力・表現力を育てる言語活動のデザイン　小学校編・中学校編』（共編著）2014年、明治図書

授業で使える！

論理的思考力・表現力を育てる三角ロジック

根拠・理由・主張の3点セット

2017年11月20日　初版第1刷発行　〔検印省略〕	
2024年10月1日　初版第4刷発行	

著　　者	鶴田　清司Ⓒ
発 行 人	則岡秀卓
発 行 所	株式会社　図書文化社
	〒1120-0012　東京都文京区大塚1-4-15
	Tel 03-3943-2511　Fax 03-3943-2519
	https://www.toshobunka.co.jp
	振替　00160-7-67697
装　　丁	株式会社 オセロ
組版・印刷・製本	株式会社 厚徳社

JCOPY ＜出版者著作権管理機構 委託出版物＞
本書の無断複写は著作権法上での例外を除き禁じられています。複写される場合は、そのつど事前に、出版者著作権管理機構（電話 03-5244-5088、FAX 03-5244-5089、e-mail: info@jcopy.or.jp）の許諾を得てください。

ISBN978-4-8100-7699-8 C3037
乱丁，落丁本はお取替えいたします。
定価はカバーに表示してあります。

シリーズ〈教育の羅針盤〉 四六判

「教えて考えさせる授業」を創る

基礎基本の定着・深化・活用を促す「習得型」授業設計

市川伸一著　本体 1,400 円＋税

学力差がある現実の教室を前提に，どの子にも確かな理解・
定着・参加が生まれる授業を創るには

....

答えなき時代を生き抜く子どもの育成

奈須正裕・諸富祥彦著　本体 1,600 円＋税

持続可能な協同社会に向かう「学力と人格」の包括的教育の
すすめ

....

「自分事の問題解決」をめざす理科授業

村山哲哉著　本体 1,500 円＋税

論理的思考，批判的思考，実践的思考の三位一体で進める，
自分事としての問題解決

....

「コンピテンシー・ベース」を超える授業づくり

人格形成を見すえた能力育成をめざして

安彦忠彦著　本体 1,500 円＋税

人材育成にとどまらず，主体的な人格形成をめざす授業の
在り方と学校現場・教師への期待

....

新しい教育課程における
アクティブな学びと教師力・学校力

無藤　隆著　本体 1,800 円＋税

中教審のキーパーソンが語る，授業と学校の不易とは